대학생활
매뉴얼
A+

대학생활 매뉴얼 A⁺
ⓒ 이지은, 2010

초판	1쇄 발행 2010년 11월 26일
	5쇄 발행 2014년 2월 19일

지은이	이지은
펴낸이	이기섭
책임편집	최광렬
마케팅	조재성, 성기준, 정윤성, 한성진, 정영은, 박신영
관리	김미란, 장혜정
디자인	DesignZoo
기획	Contesnts Agency 서정
일러스트	홍종모

펴낸곳	한겨레출판(주)
등록	2006년 1월 4일 제313-2006-00003호
주소	121-750 서울시 마포구 공덕동 116-25 한겨레신문사 4층
전화	02-6383-1602~3
팩스	02-6383-1610
홈페이지	www.hanibook.co.kr
이메일	edu@hanibook.co.kr

* 책값은 뒤표지에 있습니다.
* 파본이나 잘못된 책은 서점에서 교환하여 드립니다.

ISBN 978-89-8431-432-0 13370

* **한겨레**에듀 는 한겨레출판(주)의 교육·학습 부문 브랜드입니다.

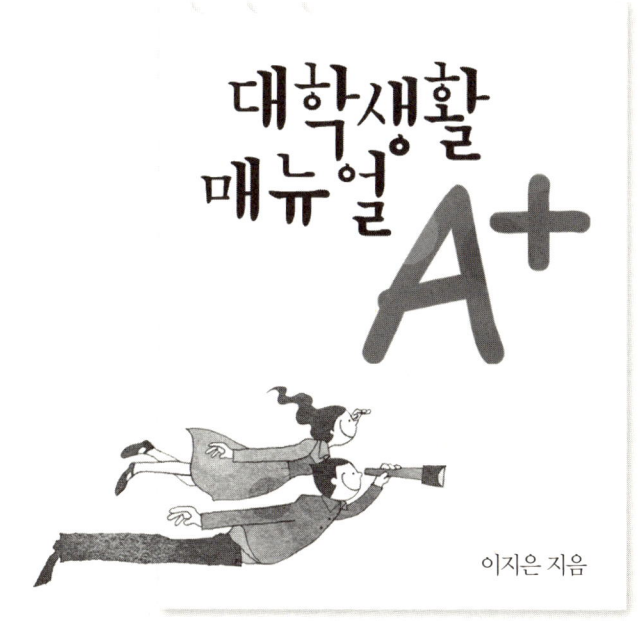

대학생활 매뉴얼 A+

이지은 지음

한겨레에듀

■ 시작하는 말

대학생, 진짜 공부가 시작된다

"요즘 대학교 생활을 해요. 수업 방식과 공부 내용이 고등학교와는 무척 다르더군요. 예상은 했지만 당황스러워요. 그리고 주어진 자유로움을 어디에 어떻게 써야 할지도 막막해요."

대학에 막 입학한 학생이 보내온 메일의 내용이다. 나와 상담하며 공부했던 중고등학생들, 나의 책을 읽으며 학창시절을 보낸 독자들이 이제 대학생이 되어간다. 그들은 또 다른 성장을 이루면서도 여전히 '잘 모르겠어요', '막막해요'라는 단어를 반복하며 나를 찾아온다. 입시가 끝났는데도 무엇이 그토록 그 청춘들을 혼란케 하는 것일까. 이 책은 그 안타까움으로 시작되었다.

바른 생활태도로 우수한 성적을 거두며 모든 면에서 흠이 없던 학생도 대학생이 되고 난 후에는 막막함과 답답함을 느낀다. 정해진 기간에 주어진 범위의 공부를 빈틈없이 해내면 칭찬을 받던 생활을 12년이나 했기 때문이다. 실험실의 생쥐에 비유를 해 볼까. 발을 두 번 구르고 천장을 바라보면 먹이가 한 알 떨어지는 곳에서 12년을 살던 생쥐를 야생에 풀어놓은 것과 같은 꼴이 된 것이다. 아무리 먹이가 풍부하다 해도 생쥐는 어떤 것을 먹어야 할지, 언제쯤 먹어야 할지, 얼마나 먹어야 할지 혼란스러울 수밖에 없다.

진짜 공부가 시작되었지만 학생들은 진짜 공부를 어떻게 하는지 모른다. 누군가는 "요즘 누가 공부하러 대학 가나요? 졸업장 따러 가지요."라고 말할지도 모르겠다. 그렇다면 대학에 다니는 동안 학생들은 학교 밖에서 성공하기 위해 필요한 능력은 모두 얻고 있을까. 그렇지도 않다. 시간이 흘러 위의 학생이 취직을 하게 된다면 어떨까.

'요즘 직장 생활을 해요. 하는 일이 학교 다닐 때와는 무척 다르더군요. 예상은 했지만 당황스러워요. 그리고 수많은 회의와 미팅을 어떻게 소화해야 할지도 막막해요.'라고 쓴 메일을 보내오지 않을까. 답답하고 안타까운 일이다. 제대로 공부를 한 사람이라면 환경이 바뀌면 바뀐 대로 자신의 역량을 쓸 줄 알아야 하는 법이다.

성공능력은 학습능력과 상통한다. 나를 파악하고 그에 맞는 전략을 구사하여 조금씩 실천하고 나에게 맞게 전략을 변경하는 작업을 반복한다는 원리는 동일하다. 내 앞에 놓인 시간, 사람, 책 등 모든 자원을 이용해 사고의 확장을 이루고 나만의 산출물을 내놓는 일은 모든 대학생들이 재학 기간 동안 반드시 익혀야 할 내용이다.

이 책은 대학생들이 공부를 하고 미래를 준비하며 직면하는 구체적인 상황에 대한 이야기이다. 학과 공부이든 취업 준비이든 대학생이라면 기본적으로 해야 하는 것이 공부이니, 첫 장에서는 공부를 하며 익혀야 할 전략들을 살피고, 그 이후에 같은 원리를 진로와 인간관계, 아이디어, 자기관리 등으로 확장하며 전개해 나갈 것이다. 모든 대학생들이 가장 나다운 공부 방법으로 공부하는 힘을 키워 가기 바란다. 나다운 공부는 리포트를 쓰며, 시험공부를 하며, 긴긴 방학을 알차게 보내며 연습하게 될 것이다. 그렇게 얻은 나만의 지혜는 성공을 이루고 내 꿈을 이루는 데에도 큰 힘을 발휘할 것이다. 이 책이 그 소망에 조금이나마 보탬이 되기를 바란다.

2010년 11월 이지은

시작하는 말 대학생, 진짜 공부가 시작된다 _004

제1장 성과를 만드는 지.식.관.리

공부 잘하는 대학생은 뭐가 다를까 _012

수업의 성공은 대학 공부의 성공 _021

이 두꺼운 책을 다 읽어요? _027

리포트를 쓰기 전에 생각해야 할 것들 _032

자격증·고시 합격을 만드는 오답노트 _036

모두를 감탄케 하는 프레젠테이션 _042

촉촉한 이야기 하나 잊을 수 없는 수업 _050

제2장 자기관리의 기본, 시.간.관.리

관리되지 않는 시간은 시간이 아니다 _056

시간은 생물이다 _062

나의 시간관리 능력=지난주 토요일의 내 모습 _068

공강은 금이다 _073

쉬지 못하는 사람은 집중도 못한다 _080

대학생의 딜레마 - 할 것도 산더미, 놀 것도 산더미 _087

촉촉한 이야기 둘 자유를 누리는 방법 _094

제3장
꿈을 이루는 진.로.관.리

'무엇' 보다 '어떤' _102

면접 보러 가는가, 보여 주러 가는가 _107

해야 할 것 vs. 하고 싶은 것 _112

내 인생 첫 번째 이력서 _117

자기소개서, 스펙으로 보여 줄 수 없는 나의 가능성 _124

<u>촉촉한 이야기 셋</u> 나의 면접 이야기 _132

제4장
성공을 만드는 역.량.관.리

대학 4년, 인맥의 뿌리를 만들자 _140

스트레스 관리, 묻히느냐 넘느냐 _145

내 손으로 번 돈, 지켜야 할 원칙들 _150

좋아하는 것이 곧 실력이다 _156

성공하는 습관 _162

<u>촉촉한 이야기 넷</u> 반드시 성공하고 싶다면 '하고 싶은 일'을 택하라 _168

마치는 말 할 수 있다, 걱정 말자 _172

덤으로 주는 책 대학생의 고민 Best 10 _175

편하게 읽고 깊게 생각하기 저자가 추천하는 책들 _198

성과를 만드는
지.식.관.리

"우리는 왜 공부를 잘해야 할까요?"
초등학생들에게 물었더니 꽤 똑똑하다는 아이의 입에서
"좋은 대학에 가기 위해서요."
라는 답이 나왔다. 그렇다면 대학에 온 우리들은 왜 공부를 잘해야 할까.
대학에 특강을 하러 가서도 같은 질문을 해 봤다. 학생들은 답이 없었다.
물론 속으로야
'학점 잘 받아야 취업하는 데 유리하니까요.'
'지금 나에게 주어진 임무니까 최선을 다해야 하는 거죠.'
'꿈을 이루기 위해서.'
라는 식의 답을 생각하고 있겠지만 대학생으로서 그렇게 뻔한 답을 하기에 스스로도
민망하다고 생각하는 것이다.
그냥 '공부를 왜 해야 할까?'에 대한 물음이라면 위의 답들도 정답이다. 그러나 공부를 '잘'
해야 하는 이유를 생각해 보자. 왜 공부를 잘해야 할까.
공부를 하며 성공하는 방법을 배우기 때문이다. 공부를 잘한다는 말 속에는 나의 수준을
높인다는 의미가 포함되어 있다. 대학에 오기까지는
성적을 잘 받기 위한 공부였으므로 공부를 '잘' 하지 못하더라도 상관없었다.
그러나 대학생은 다르다. 공부를 제대로 할 줄 알아야 한다.
노력하는 방법을 알아야 한다는 뜻이다. 그 방법을 터득한 사람은
비로소 자기만의 무기를 가졌다고 말할 수 있는 것이다.

대기업에 취업하려면 학교 간판이 좋아야 한다는 말은 수도 없이 들었을 것이다.
심지어 서류를 걸러 낼 때 학교 이름만 본다는 이야기도 들려온다.
정말일까. 정말이라면 학교 이름만 보고
서류를 걸러 내는 인사 담당자는 도대체 무슨 생각으로 그러고 있는 것일까. 귀찮아서?
있을 수 없는 일이다. 기업에서 사람을 뽑는 일이란 곧 '지출'을 의미한다.
돈을 쓰면서 사람을 들이는데 어찌 아무나 뽑을 수 있겠는가.
우리나라에서 좋은 학교에 갔다는 것은 공부를 잘했다는 것을 의미한다.
그러나 기업은 학교에서 배운 지식으로 일하는 곳이 아니다.
오히려 기업은 신입사원 교육을 위한 비용을 따로 책정할 정도다. 즉, 일을 하기 위해
다시 배워야 한다는 것이다. 그렇다면 왜 필요도 없는 공부를 잘한 학생들을 뽑을까.
공부를 잘한 학생들은 공부를 하며 성공하는 방법을 배운 학생들이라 볼 수 있기 때문이다.
그 힘은 직장에서 새로운 실무를 배울 때에도 발휘되며
갑작스러운 기획서 작성과 장기 프로젝트를 맡을 때에도 드러나는 법이다.
왜 공부를 잘해야 하는지 이제 조금 감이 잡히는가?
세상은 학교에서 배운 지식을 탐내지 않는다.
그 지식을 얻기 위한 과정을 탐내는 것이다. 지금 내가 어떤 학교에 다니는지는 중요하지
않다. 이력서에 유명한 대학 이름을 적지 못하더라도 상관없다.
실력이란 어떻게든 드러나는 법이다. 지금부터 나만의 무기를 발견하고 연마하면 된다.
그 일은 지금 내가 들어야 할 수업, 써야 할 리포트부터 시작된다.

공부 잘하는 대학생은 뭐가 다를까

공부를 잘하는 학생들은 공부를 특별하게 생각하지 않는다.
평소에 밥 먹고 화장실 가듯
자연스럽게 수업 듣고 복습하며 오가며 생각하는 공부를 한다.

    대학에서 공부를 잘하는 일이란 장학금을 조금이라도 받는* 성취로 연결된다. 전공이 맘에 안 드네 어쩌네 하며 일부러 공부를 소홀히 하는 경우가 아니라면 누구나 공부를 열심히 하고 싶어 하며 좋은 성적표를 받고 싶어 한다. 대학의 공부는 고등학교의 공부와 다르니 방법도 달라야 하지 않을까. 공부 잘하는 대학생은 뭐가 다를까. 대학생들의 학습 전략을 연구한 자료들을 보면 성공적인 대학 공부의 힌트를 얻을 수 있다. 서울의 한 대학에서 1352명을 대상으로 연구를 한 결과 학업성취가 높은 학생은 낮은 학생에 비해 동기전략, 인지전략, 자원관리전략 등 학습전략의 모든 면에서 우수했다. 특히 2학기 연속 최상위 3%에 해당하는 '전액 장학금 수준'의 학생들이 강조한 내용은 계획, 시간관리, 철저한 수업 참여와 집중, 반복과 시연, 이해전략, 시험 준비와 대처 전략, 노력조절, 동기화, 규칙적인 학습습관, 노트필기 전략, 리포트와 과제수행 전략 등이었다.**

---

* 대학에서는 장학금 받을 기회가 의외로 많다. 전액 장학금의 기회는 여전히 드물지만 반액이나 1/3 정도로 장학금의 기회를 많은 학생들에게 주고 있으며, 학교에 따라서는 30만원, 50만원 등의 소액으로 학생들을 격려한다.

** 전명남(2003), 「높은 학업성취 대학생의 학습전략과 수행 분석」, 『교육심리연구 17(4)』 1~28쪽.

무엇이 다를까. 어떻게 다를까. 아무리 대학 공부가 다르다지만, 특별한 방법이 있기는 한 것일까. 우수한 학생들의 공부전략을 엿보며 나의 공부를 떠올려 보자.

계획

여기서의 계획은 시험을 잘 보기 위한 계획이 아니다. 연속적으로 최상위권의 성적을 내는 학생들은 공통적으로 학기 시작 전이나 학기 초에 어떻게 공부할 것인지에 대한 계획을 세웠다고 했다. 이 계획에는 '학점을 어느 정도 받겠다.'와 같은 구체적인 목표 설정도 포함된다.

"계획을 세우는데…… 심리적으로 위안이 되기도 하고 뿌듯하기도 하고요. 학점에 대한 구체적인 계획을 세우죠……. 계획을 세우지 않으면 꼭 해야 할 일을 잊을 때도 있고 시기가 지나가면 하기 어려운 일도 있고……."

경영학의 대부인 피터 드러커는 계획을 '미래에 대한 현재의 결정'이라고 했다. 지키는지의 여부와 무관하게 계획을 세우는 것만으로도 의미가 큰 것이다.

시간관리

시간관리와 학업적 성취의 관련성은 익히 알려진 사실이다. 시간관리를 잘 못 하는 학생들도 훈련을 거치면 공부 시간 중 자기조절력이 향상돼 좋은 학점을 받게 되기도 한다. 어려움 없이 공부를 잘할 것처럼 보이는 우수한 학생들도 학기 중에 제일 어려운 것이 시간관리라고 한다. 이들도 오늘은 뭘 해야 하는지 체크하고, 시간을 적절히 배분하고, 자기 전에 내일은 뭘 해야겠다고 생각하며 각자의 하루를 만들어 가는 것이다.

수업의 참여와 집중

높은 학업성취를 보이는 대학생들은 철저한 수업참여와 주의집중을 이야기한다. 심지어 지각하지 않고 전 과목에 출석하는 것을 하나의 목표로 삼아 지킨다고도 했다. 수업 시간에 가급적 모든 것을 소화해 내려고 애쓰고, 필기를 열심히 하며 집중한다.

"…… 이번 학기는 지각한 적이 한두 번 있고 결석은 한 번도 안 했어요……. 수업 시간에 가급적이면 모든 것을 소화해 내려고 했고 집중하고 필기 열심히 했고……."

수업 시간의 집중은 필기와 이후의 복습, 시험공부와도 연결된다. 당연히 수업 시간의 성공은 대학 공부 성공과 직결된다.

반복과 시연*

다시 읽기, 읽은 것을 기억하기, 기억한 것을 되새겨 보기 식의 학습전략이다. 학습 내용을 여러 번 보고 재생해 보는 것은 단기간 동안 적은 양의 정보를 저장할 때 유용하다. 공부 잘하는 대학생들도 시험 범위를 여러 번 보는 공부를 한다는 것이다.

"세 번, 네 번 정도 봐요.** 여러 번 보면 좋은 게, 한두 번 정도 보고 나면 세부적인 내용은 이해되는데 큰 맥락은 생각이 잘 안 나거든요. 여러 번 보게 되면 큰 맥락을 잡게 돼요."

"암기는 기본이죠. 외운다고 끝나는 게 아니잖아요……. 벼락치기를 하면

---

* 공부한 것을 노트나 설명 등 나의 언어로 재구성해 보는 것.
** 이것이 '한두 번' 보는 평범한 학생들과 다른 점이다.

금방 외워져도 금방 잊어버리게 되고, 아무래도 평소에 시간을 갖고 반복해서 읽고 자연스레 암기하게 된 것은 지속적으로 이어지죠."

시험을 위해 암기를 하는 것은 기본적인 것이라 한다. 암기가 귀찮아 '이것을 외워야 하느냐 말아야 하느냐'를 고민하는 평범한 학생들과 스스로 생각하는 공부의 완성 기준에 차이가 난다. 당연히 도달점이 다를 수밖에 없다. 암기를 할 때에도 지속적인 기억을 위해 벼락치기보다 평소공부를 택한다. 이들의 기억력이나 암기력도 그저 평범한 수준인 것이다. 평소의 성실함이 성적을 만든다는 진리는 대학에서도 마찬가지다.

이해 전략

공부 잘하는 대학생들은 이해를 먼저 하면 자연스럽게 암기된다고 대답한다. 이는 높은 학업성취자들이 단순반복적 기억에 의존하지 않는다는 사실을 보여 주는 것이다.

"화학은 이해를 하고 나면 저절로 암기가 돼요. 수학 같은 경우에 식을 풀어 가는 과정을 이해하면 공식을 까먹어도 유도해 낼 수가 있잖아요."

"관심 있는 과목은 재미있으니까 계속 활용하고 응용해요. 외우는 게 아니라 그러다 보면 자연스럽게 외워져요."

이 학생들은 화학 이론을 이해하고 과학·수학 공식을 풀어 가는 과정을 언제 이해했을까. 시험 전날 할 수는 없는 일이다. 매일 지나가는 일상 중에 읽고 생각하는 시간, 풀어 보는 시간을 가졌을 뿐이다. 공부는 자연스럽게 생활의 일부가 되었을 때 가장 훌륭한 성과가 난다.

시험 준비와 대처 전략

높은 학업성취 대학생은 시험 시간표가 나오기 몇 주 전이나 한 달 전부터 계획하여 시작하는 등, 미리 시험공부를 하고 있음을 보고했다. 특히 시험을 보는 내용에 대해서는 교수님의 의도를 파악하고 거기에 자신의 생각을 더한다고 했다.

"교수님의 뜻에 맞는 답안을 쓰는 것도 내 생각이 없으면 가능하지 않아요."

"시험 보기 2주 전부터 계획을 세워서 공부해요. 계획 세워서 공부하고 마지막에는 책을 덮고 처음부터 끝까지 머릿속으로 어떤 내용이 있는지 떠올려 봐요. 그러다가 생각이 나지 않는 부분은 다시 찾아서 확인하고……. 시험공부는 전공 먼저 하고 교양 공부 순으로 일정을 짜요. 먼저 교재를 밑줄 쳐 가면서 훑어보고 중요한 부분에 표시하고, 강의시간 생각하면서 강의 내용 떠올리며 읽고, 다 한 다음에는 정리를 한번 해 봐요. 시험답안지에 노트필기하듯이 요약정리해 보고 시험에 임박해서는 그것을 위주로 다시 공부하고, 암기했던 것 확인하고 예상문제와 답을 머릿속으로 생각해 보고 여유가 있으면 작성도 해 보고……."

시험공부는 초등학교 때나 대학교 때나 똑같다. 그 시험을 잘 보기 위해서만 공부하면 되기 때문이다. 놀 일 많은 대학생들이 시험 몇 주 전부터 계획을 세운다는 것은 시험에 굉장한 정성을 기울인다는 것을 의미한다. 그 태도로 시험을 보니 시험을 잘 볼 수밖에.

노력 조절

쉬운 말로 '의지'이다. 학자들은 노력조절을 '잠재적 방해에도 불구하고 목표에 초점 맞추기를 지속하고 노력을 기울이는 경향성'이라고 정의한다. 공부를 할 때 노력조절은 학습전략을 구축하고 많은 방해요소를 다룰 수 있도록 돕는다. 높은 학업성취를 보이는 대학생들도 이러한 노력조절을 보여주었다.

"평소에는 7~8시간 자고, 시험 시간에는 밤을 새지는 않고 평균 3~4시간 정도 자요. 시험 전에 스트레스 받고 긴장이 돼요. 아무래도 불안을 극복하는 데는 열심히 준비하는 게 가장 좋은 방법이죠."

"공부는 잘 되거나 하고 싶을 때 하는 것이 훨씬 더 효율적이에요. 계획대로 공부를 해 나가면 여유롭게 시험 준비를 할 수 있어요. 시험 기간에는 12시 정도부터 자고 밤샌 적은 한 번도 없었어요. 미리미리 해 놓다 보면, 능률이 오르는 시간에 할 수 있어 공부를 훨씬 많이 할 수 있어요."

아무런 긴장감도 없이 학교 가는 전철에서 한 번 훑어보고 시험을 보는 대학생들이 얼마나 많은가. 시험 기간에 스트레스를 받고 긴장이 된다면 이미 시험 준비를 충실히 한 학생이다.

동기화

성공을 위해서는 실패를 다루는 능력이 필요하다. 방해물이 나타나면 뒤로 물러나거나 피해가는 정신적 유연함도 있어야 한다. 공부를 잘하는 대학생들은 이 능력을 공부를 하며 몸에 익히고 있었다. 스스로 자신의 공부를 통제할 수 있는 것이다. 스스로 동기를 부여하거나 노력하고 집중할 수 있도록 동기화하고 있음을 발견할 수 있다.

"…… 계획했던 일들을 하고 나면 그 자체로 보상이 되는 듯해요……. 할 때까지는 귀찮은데 하면 좋은……. 그런데 성취감이란 것을 한번 느끼면요, 그게 중독 비슷해서…… 나중에 힘들어도 그걸 생각하고 또 생각하면서 지금은 힘들지만 나중에는 좋아지게 된다는 걸 알게 되거든요. 이 경험은 ······ 남이 아무리 설명해 주어도 모르잖아요. 자기가 그런 경험을 갖고 있는 게 중요해요. 한 번이라도 성공해 보는 경험······."

"공부가 잘 안 될 때는 기분을 좋게 만들려고 하죠······. 재밌게 즐기면서 공부하려고 노력해요."

"성적이 안 나왔을 때는 다 제 과오고 노력 부족이고 게을렀기 때문에 그런 거죠. 노력한 만큼 받는다는 걸 믿거든요."

노트필기

노트필기는 내 언어로 기록한다는 점, 그 기록대로 저장되어 나의 이해체계대로 반복할 수 있다는 점에서 학습효과를 낸다. "학업성취가 높은 대학생과 대학원생들은 한 노트에 모든 강좌를 기록하는 경향성을 보인다."는 연구결과도 있다. 여러 과목을 한꺼번에 공부해야 하는 학습자의 특성을 고려하면 과목별로 노트를 나누는 것보다 혼란을 줄일 수 있는 방법이기도 하다.

"강의 들으면서 노트필기를 하고, 수업이 끝난 후에 복습을 하면서 그 내용을 다시 옮기죠. 저 나름대로 그 내용을 요약하거나 풀어쓰면서 수업시간에 배운 것을 정리해요······. 전공의 경우에는 이해되지 않는 부분은 책을 찾아 읽고 이해한 내용을 다시 노트에 정리하죠. 수업 내용 전부를 한 권의 노트에 적고 정리할 때는 과목마다 다른 노트에 정리를 해요."

기록을 즐기지 않는 학생들은 다시 쓰는 과정이 지겹게 느껴질 수도 있다. 그러나 다시 쓰는 것 자체로는 의미가 없고, '복습하며'가 핵심이다. 다시 쓰는 것은 하지 않더라도 이해가 안 된 부분을 찾아내고 책을 찾아 읽어 이해를 하는 과정은 반드시 실천하자.

"책에 나와 있는 내용을 설명하시면 표시하고 박스 치고……. 보고만 있으면 집중이 잘 안되니까……. 저는 필기를 책과 노트에 하는데…… 제 책은 깨끗하지는 않고…… 어쨌든 특이한 방법으로 머릿속에 해 놓으면 기억이 잘 돼요. 일부러 깨끗하게 안 해요."

무엇이든 자기만의 공부 방법을 터득했다면 공부를 잘할 수밖에 없다. 스스로 공부 규칙을 만들고 자기만 아는 그 규칙을 스스로 지켜 가는 과정이 성과를 만든다.

규칙적인 학습습관, 리포트와 과제수행 전략

높은 학업성취 대학생들은 규칙적인 학습습관을 보고하고 있다. 리포트는 일주일 전부터 준비하며, 자료정리 후에 자신의 생각을 정리한다고 하였다.

"공부를 매일매일 안 해도 책은 매일 보죠. 습관이 들었어요. 평소에 항상 뭐든 공부를 해요. 세미나 활동을 하거든요. 책을 읽고 세미나를 하고 나중에 글을 쓰거나 하죠."

"참고도서를 도서관에서 찾아보거나 인터넷에서 자료를 검색하고…… 자료를 찾는 게 일이죠……. 자료 찾는 데 참 어려움을 많이 느꼈고요. 자료를 바탕으로 글을 전개해 나가죠. 자기 말로 풀어서 써 나가고. 논리적으로 체계적으로 설득력 있게 글을 전개해 나가죠. 보통 1주일 전부터 준비를 해서요, 마지막에 이르러 끝내죠."

"과제는 보통 문제를 푸는 거예요. 문제가 바로 풀어지는 것이 아니라 내용을 한 번 다시 공부해야 되더군요. 제가 수학과니까 숙제가 워낙 많아요. 숙제를 열심히 하면 그게 복습이 되는 것 같아요. 숙제가 몰릴 때가 많아요. 그럴 때는 나름대로 수업시간에 배운 내용을 나누어서 조금씩 조금씩 해 놓는 게

도움이 돼요. 그러면서 복습도 하고……. 2주 정도의 과제 기간이 있어도 거의 웬만하면 수업을 들은 날이나 그 다음 날에 하려고 신경을 좀 쓰죠."

실천해 본 사람만 공감하는 조언

01 공부의 원칙은 간단하다. 만점에 가까운 학점을 받는 대학생들이라도 수업 집중과 반복, 노력, 시간관리 등의 '다 아는' 방법으로 공부를 한다.

02 남에게 아무리 설명해 주려 해도 표현되지 않는 성공 경험이 있는가? 내가 갖고 있는 성공 경험은 10년 후 고스란히 내 손에 떨어지는 예금통장과 같다. 매일, 매 순간 크고 작은 성공 경험을 모으자.

03 무엇이든 자기만의 공부 방법을 터득했다면 공부를 잘할 수밖에 없다. 스스로 공부 규칙을 만들고 자기만 아는 그 규칙을 스스로 지켜 가는 과정이 성과를 만든다.

수업의 성공은 대학 공부의 성공

강제성이 없다고 만만한 것은 아니다.
수업을 대충 들은 학생이 시험공부를 열심히 할 리 없으며
수업 중 공지사항을 친구에게서 전해 들은 학생이
어떻게 교수님의 의도를 간파할 수 있겠는가.

 늘 깔끔한 옷차림과 유머 가득한 언변으로 인기가 많은 진호. 군대 가기 전까지는 그저 편하게 학교 다니자는 생각이었다.
 "어차피 군대 갔다 오면 바보 되는데 뭐. 복학해서 다시 공부할 거야. 학점 안 좋은 거는 다 재수강할 거야."
 금요일이면 당연한 듯 오후 수업을 빼고 모여 앉은 친구들끼리 갑작스러운 엠티를 가기도 하고, 언제나 열린 마음으로 소개팅 일정을 잡아놓고 있었다. 그러던 중 핸드폰도 아닌 집전화로 교수님의 전화가 걸려왔다.
 "진호 학생 집인가요?"
 "예, 접니다. 누구세요?"
 "○○대학교 ○○ 교수입니다."
 집으로, 그것도 교수님이 직접 전화를 하시다니. 고등학교도 아니고 이 무슨 일인가. 그러나 진호는 거침이 없었다.
 "결석이 많아서 어쩔 수 없이 F학점 처리를 해야 합니다. 그 규정을 모르고 수업을 빠진 건가요?"
 "알고 있었습니다."
 "그런데 이렇게 결석을 많이 했나요? 그동안 수업한 것에 대한 과제를 몇 개

내 줄 테니, 내일 내 방으로 오세요."

교수님은 혹시 집에 무슨 일이 있는지, 노는 데 정신이 팔려 수업 일수 챙기는 것을 깜박한 것은 아닌지 일부러 확인하러 전화를 하신 것이다. 출석을 대체할 만한 과제를 주고 결석한 부분을 재량으로 묶인해 주기 위함이기도 했다. 눈치 빠른 진호가 이를 모를 리 없었지만 끝까지 쿨했다.

"자세 안 나오게 무슨 과제를 합니까. 그냥 결석 처리하세요."

"음. 그럼 다음 학기에 봅시다."

교수님도 깔끔했다. 전공과목이니 그 과목 수업은 재수강을 하더라도 그 교수님께 들어야만 하는 것이다. 결국 진호는 그 과목을 다시 듣지 못한 채 군 입대를 했고 복학 후에는 교수님의 딸랑이가 되어 매 수업마다 가방과 수업자료를 들어 드리며 재수강을 해야 했다.

대학생활을 즐기는 것과 수업을 빠지는 것은 다르다

대학에는 노느라 수업 빼먹은 것을 자랑삼아 이야기하는 문화가 있다. 정말 유치한 수다가 아닐 수 없다. 대학생활을 즐기는 것과 수업을 빠지는 것은 아무런 연관성이 없다. 수업을 빠지는 학생은 공부는 물론 노는 것에 대해서도 아무 생각이 없기 때문이다. 생활 전반에 "에이, 뭐야. 됐어. 그냥 안 가."라는 기운이 가득하니 수업을 빠진다. 도무지 얼굴을 볼 수 없을 만큼 바쁘게 노는 친구들은 정작 수업시간에는 꼬박꼬박 등장한다. 따로 공부할 자신은 없으니 수업이라도 잘 들어야 한다고 생각하는 것이다.

대학생활은 즐거워야 한다. 그것은 누구나 자신의 인생을 즐겁게 살아야 한다는 것과 상통하는 진리일 뿐, 다시 오지 않을 청춘이라 해서 특별히 주어지는 권리인 것은 아니다. 자유를 누리느라 책임을 내던지는 '짓'을 스무 살 넘어서까지 해서야 되겠는가. 정신 차리자.

수업 시간을 철저히 지키겠다고 다짐하자

오래 전, 한 방송에서 대학생들을 방청객으로 초청해 젊은이들에 관한 이야기를 한 적이 있었다. 진행자가 질문을 하면 그에 해당하는 대학생 방청객들이 미리 제공된 개인 버튼을 누른다. 그러면 녹화장의 화면에는 버튼을 누른 사람의 숫자가 커다랗게 표시되었다. 출연자인 연예인들은 이 숫자가 공개되기 전에 숫자를 적어서 승자를 가리고, 그 질문과 관련된 재미있는 이야기를 나누는 식으로 진행되는 프로그램이었다. 지금도 생각나는 질문 한 가지가 있다.

"술을 먹고 수업에 들어간 적이 있다?!"

진행자가 이 문장을 읽자 패널로 초대된 연예인들은 크게 웃었다. 대낮부터 술을 마시러 간 것은 그날 공부를 작파하겠다는 의지의 표현이니 다시 학교로 갈 이유가 없다는 것이다. 출연진의 생각도 비슷해서, 0 아니면 1이라고 답을 했다. 그런데 화면에 보인 숫자는 놀랍게도 10보다 컸다. 진행자가 버튼을 눌렀던 한 학생에게 마이크를 건넸다.

"정말 술을 먹고 수업에 들어간 적이 있습니까?"

"네. 친구들은 모두 수업이 끝났고 저는 오후에 수업이 하나 남아 있었는데 정말 중요한 전공 수업이었거든요. 잠깐 자리에만 참석했다가 술은 수업 끝나고 와서 먹으려고 했는데 분위기가 좋다 보니까 몇 잔 마시게 됐어요(웃음). 다시 수업 듣고 와서 제대로 놀았습니다."

"강의실에서 술 냄새 났을 텐데요?"

"그래서 가장 뒷자리에 죽은 듯이 앉아 있다 나왔습니다."

"수업 내용이 머리에 들어오던가요?"

"수업은 잘 들었습니다. 시험이 얼마 남지 않아서 필기도 다 했습니다."

출연진은 "공부 잘하는 대학생들이라 우리와 종자가 다르다."는 농담으로 웃어넘겼다.

그러나 그 대학생의 태도는 정말 본받아야 한다. 오늘 어떤 수업이 있고 시험을 앞두고 어떤 내용을 꼭 들어야 한다는 생각이 머릿속에 있다는 것만 해도 훌륭한 태도이다. 그 태도가 술기운 중에도 수업에 가도록 이끄는 것이다. 결석은 물론 지각도 한 번 없는 '무결점' 수업 참석을 하겠다고 다짐하라. 그것만 잘 해낼 수 있어도 대학생활의 반은 성공이다.

평소 수업 태도는 시험지, 과제에 묻어난다

수업을 마치고 나오다가 교수님과 함께 엘리베이터에 탄 적이 있었다. 수업이 끝날 무렵이면 많은 학생들이 한꺼번에 몰려 만원 엘리베이터를 타게 마련인데, 그날은 교수님과 우리 조원들 서너 명이 전부였다. 조모임 과제를 이야기하느라 조금 늦게 나온 것이 한가한 엘리베이터를 만들었던 것이다. 그중 한 명은 과대표였으니 교수님이 잘 아실 테고 '나머지들'은 얼굴만 익숙하실 터였다. 교수님이 '나머지들'의 신원 파악을 위해 던지신 질문은 이름도 학년도 아니었다.

"저번에 낸 리포트 주제가 뭐였지요?"

참 교수다운 질문이다. 참 많은 것을 느끼게 해 주는 질문이기도 하다. 교수님에게 나의 존재감은 이런 것이구나. 저마다 이런저런 주제였다고 답을 하자 교수님은 하나하나 떠올리시며,

"아, 생각나요. 굉장히 재미있게 읽었어요."

"글을 잘 쓰던데요?"

"제목이 눈에 띄어서 제일 먼저 읽었어요."

이렇게 한마디씩 우리를 구분했다는 표시를 하셨다.

대학의 교수님들은 학생들 한 명 한 명을 잘 알지 못한다. 학생들의 이름과 얼굴은 익히지 못하지만 그 머릿속에 무엇이 들어 있는지는 정확히 알고 있다. 지식의 구성으로 학생을 분별하는 것이다. 오랫동안 학생들을 가르친 내공은 리포트만 보아도, 시험지의 답안만 보아도 그 학생의 평소 수업 태도를 알게 한다. 평소에 수업을 잘 듣고 꾸준히 복습하며 책을 읽은 학생인지, 수업은 적당히 듣고 시험 기간에 미친 듯 공부를 한 학생인지도 구분이 가능하다. 그 학생이 사용하는 단어들과 완성도에서 미묘한 차이가 나기 때문이다.

수업을 잘 듣는다는 것은 교수님의 생각에 나의 생각을 맞춘다는 것이다. 그 통함이 있어야 교수님의 의도를 파악할 수 있고 내가 무엇에 중점을 두어야 할지도 판단할 수 있다. 수업을 들은 후 이러한 감이 오지 않는다면, 아무리 열심히 필기를 하고 강의를 들었더라도 제대로 집중한 수업이라고 할 수 없다. 리포트 쓸 때가 되어서야 리포트에 대한 걱정을 하고 시험 때가 되어서야 시험 걱정을 하는 것은 어설프다. 아마추어같이 그래서야 되겠는가. 교수님의 의도를 꿰뚫어 파악해야 빈틈없는 리포트와 답안지를 작성할 수 있다. 교수님의 의도는 평소의 수업 시간 중에 드러나게 마련이다. 교수님의 어투, 눈빛, 몸짓을 모두 예의 주시하자. 그것이 사람을 보는 훈련이며 설득력의 기본이다. 프로다운 수업 태도를 갖기 바란다. 다시 한 번 강조하거니와, 수업 시간의 성공이 대학생활의 성공이다.

실천해 본 사람만 공감하는 조언

01 지각 결석 한 번 없이 '무결점' 수업 참석을 하겠다고 다짐하라. 그것만 잘 해낼 수 있어도 대학생활의 반은 성공이다.

02 오늘 어떤 수업이 있고 시험을 앞두고 어떤 내용을 꼭 들어야 한다는 생각이 머릿속에 있다는 것만 해도 훌륭하다. 그 생각이 내 몸을 움직이며 태도를 형성한다.

03 교수님의 어투, 눈빛, 몸짓을 모두 예의 주시하자. 그것이 사람을 보는 훈련이며 설득력의 기본이다.

이 두꺼운 책을 다 읽어요?

평소에 책을 즐겨 읽던 학생들이라도 전공 서적은 낯설다.
읽는 속도가 느린 것도 당연하다.
그렇더라도 읽자. 처음에는 절반 정도만 이해할 수 있어도 훌륭하다.

윤재는 중간고사를 보고 기가 막혔다. 대학에서 보는 첫 시험이니만큼 게으름 부리지 않고 공부도 열심히 했는데 시험은 허무했다. 문제의 수준은 자신이 외우고 읽은 것이 얼마나 의미 없는지 알게 해 주기 충분할 만큼 훌륭했고, 윤재는 부끄러운 몇 개의 단어를 나열해 놓고 나와야만 했다.

"수업 때는 프린트로만 했었거든요. 책은 처음에 한두 번 들고 다녔는데, 수업 시간에 보질 않더라고요. 그래서 안 들고 다니고 당연히 시험공부도 프린트만 봤는데 시험 문제가 좀 깊이 있게 나왔어요."

대학의 공부는 그 학문을 연구하고 실험하는 사람을 위한 것이다. 배운 내용을 그대로 익혀 출력하는 고등학교 때와는 모든 것이 다르다. 논란의 여지가 거의 없는 연구 결과나 배경 이론은 프린트물로 정리해 수업으로 나가고, 그 밖의 사고 전개가 비로소 우리의 몫인 것이다. 상식을 가진 교수님이라면 이러한 가능성을 엿볼 수 있는 시험문제를 조금이라도 내는 것이 당연하다. 따라서 대학의 공부는 스스로 책을 읽고 1~2분이라도 곰곰이 생각해 보는 시간을 가져 보아야만 가능하다.

"이 두꺼운 책을 다 읽어요? 앞에 몇 장은 읽어 보려고 했는데요, 무슨 말인지 하나도 모르겠던데요. 사지 않아도 될 뻔했어요."

공부를 안 하는 대학생들은 크고 멋있는 책들을 그저 공부방 장식용으로만 쓴다. 공부를 조금 하는 학생들이라도 베개로 쓸 때가 많으며, 열심히 하는 학생들이라도 들고 다니며 폼 내는 일에 더 큰 자부심을 느낀다. 두꺼운 전공서적을 어떻게 활용해야 할까. 과연 다 읽을 수나 있을까.

수업 전 진도 나갈 범위를 읽어 본다

가장 좋은 방법은 수업 전에 진도 나갈 범위를 미리 읽어 보는 것이다. 학기 초에 받은 수업계획서*를 보면 다음 시간에 어떤 주제를 배우게 될지 예상할 수 있다. 30분 정도만 집중해서 책을 보면 다음 시간에 어떤 내용으로 수업할지 감을 잡을 수 있다. 100% 이해하지 못하는 것은 당연하다. 책을 읽고 나면 교수님과 비슷한 배경지식을 갖게 되므로 수업 내용 뒤편에 깔린 교수님의 의도 등을 파악할 수 있다. 프린트로만 정리된 수업을 듣더라도 이전보다는 입체적인 이해를 하게 된다는 것이다. 책을 읽고 그것을 바탕으로 수업을 들으면 바보가 아닌 이상 내 생각이라는 것이 피어나게 된다. 이것이 바로 시험지에 적을 수 있는 나의 성과물이다.

수업 시간에 책을 보지 않더라도 나는 읽어야 한다. 수업 앞 시간이 공강이라면 그 어떤 약속도 잡지 말자. 그 수업을 위해 매번 마련되는 규칙적인 시간이니 책을 읽자. 깊은 사고의 틀을 만들자.

수업 후 이해 안 되었던 부분을 찾아 읽어 본다

첫 번째 방법보다는 못 하지만, 과목의 특성이나 수업 스타일에 따라서는

---

* 거의 모든 대학에서 수업계획서를 제출하도록 교수들에게 권고한다. 혹시 수업계획서를 잃어버리더라도 학교 홈페이지에 가면 내려받을 수 있다.

수업 후에 책을 읽는 것이 오히려 효과적일 때도 있다. 교재가 너무 어려워 도무지 읽을 수가 없거나* 책의 순서와 무관하게 교수님의 머릿속에서 흘러나오는 대로 수업이 진행되는 경우**에는 수업 후에 책을 읽는 것이 수월하다. 이때에는 수업의 모든 내용을 이해하기 어려울 것이다. 노트에 그날의 수업 주제를 적고 그 아래에는 교수님이 자주 언급하는 어휘들을 적어 나가자. 사람 이름이나 학파, 실험 제목 등을 나열하면 된다. 그리고 수업이 끝나면 책***과 노트를 들고 도서관에 가야 한다. 수업 내용을 떠올리면서, 필기한 단어들을 중심으로 책을 읽어 나가자. 발췌독을 하게 되더라도 그 단어들이 어떤 맥락을 가지고 연결되는지를 파악할 수 있다면 충분하다. 그 주제가 설명된 부분에서 찾을 수 없는 단어들은 책 뒤의 색인을 통해 찾아보고, 그래도 모르겠다면 인터넷 검색도 해 봐야 한다. 교수님이 왜 동떨어진 개념들을 수업 시간에 언급했을까? 궁리 끝에 뭔가 연결점에 대한 아이디어를 찾았다면 훌륭하다.

나도 동등한 연구자라는 태도로 읽는다

비록 아는 것은 없지만 책을 읽을 때에는 당당해야 한다. 배우는 자의 겸손함과 모르는 자의 열등감은 분명 차이가 난다. 학문 안에서는 책을 쓴 사람이나 가르치는 사람이나 배우는 사람이나 모두 동등한 연구자이다. 책에 있는

---

* 전공과목에 대한 배경지식이 없는 상태에서 학설의 대립과 사례를 이해해야 하는 대학 공부의 특성 때문이다.

** 그 전공의 가장 나이 많은 교수님의 수업일 경우가 많다. 오랜 세월 한 분야를 연구한 내공으로 가능한 일이다. 수업계획서 따위에 얽매이지 않는다는 실력과 권력의 반영이기도 하다.

*** 주 교재는 한 권씩 구입했을 것이다. 수업계획서에는 부교재나 참고도서 목록이 나와 있는데 도서관에서 빌려 보아도 무관하다. 2~3회 이상 빌린 부교재가 있다면 구입하자. 공부하는 사람은 책을 마음껏 들고 다니면서 메모하며 볼 수 있어야 한다.

내용에는 저자의 연구 색깔이 배어들 수밖에 없다. 이론을 해석하는 방법도 책과 교수님의 견해가 다를 수 있고, 사용하는 용어가 다른 경우도 흔하다. 그러니 학교에서 배운 것과 책이 다르다고 해서 혼란스러워할 필요 없다. 대학의 공부는 정해진 답을 향해 가는 것이 아니므로 무엇이 맞느냐고 질문하는 것은 미련하다. 이 부분이 다르구나 하며 끄덕이고 넘어가면 된다. 내 생각은 어떤지 고민을 1~2분 해 보면 이해의 깊이를 더할 수 있고, 자연히 기억이 오래 간다.

입문자인 대학생은 교수님의 논리대로 이론을 구축해 나가는 것이 좋다. 용어 사용에 차이가 나는 경우에도 교수님이 쓰시는 용어를 따라서 쓰도록 하자. 책을 읽어 나가다가 다른 부분을 발견하면 체크해 두고 용어 사용에 차이가 난다면 구분해서 적어 두자. 이 또한 공부의 묘미이나, 교수님들은 어떤 부분에서 자신의 견해가 통설과 차이가 나는지 설명해 주시는 것이 보통이다. 왜 그러한 용어를 쓰는지도 강조해서 설명하실 것이다. 수업 시간에 졸지만 않는다면 혼자 파고들어야 할 영역은 없을 것이니 걱정 말고 자신 있게 읽어 나가자.

대학의 공부는 쉽지 않다. 평소에 책을 즐겨 읽던 학생들이라도 전공서적은 낯설다. 게다가, 그 내용을 바탕으로 스스로 논리적 뼈대를 세워 나가야 한다. 독자이면서도 저자만큼이나 능동적으로 사고할 필요가 있는 것이다. 그에 비하면, 서점에 즐비한 베스트셀러를 읽는 것은 '휴식'에 불과하달까. 대학을 졸업할 때까지 자신의 전공에 대한 깊은 통찰이 없는 학생도 수두룩하다.* 그러니 그 두꺼운 책을 읽는 것이 어렵게 느껴진다고 좌절하지 말자. 누구나 처음

---

* 학생들을 만나며 피부로 느낀 나의 감각으로는 60% 이상 되는 듯하다.

에는 '나는 바보인가?'를 진지하게 고민한다. 읽는 속도가 느린 것도 당연하다. 키워드를 중심으로 찾아 읽는 것으로 시작하자. 그러다 보면 연결되는 내용을 읽고 싶어질 것이고, 모두 이해되지 않더라도 이론의 맥락을 흐릿하게나마 파악할 수 있을 것이다. 처음에는 절반 정도만 이해할 수 있어도 훌륭하다. 그렇더라도 읽자. 이해하지 못하는 자기 자신을 매 순간 다독이는 인내가 필요하다. 그 또한 성장이다.

실천해 본 사람만 공감하는 조언

01 그 두꺼운 책을 읽는 것이 어렵게 느껴진다고 좌절하지 말자. 누구나 처음에는 '나는 바보인가?'를 진지하게 고민한다. 읽는 속도가 느린 것도 당연하다. 키워드를 중심으로 찾아 읽는 것으로 시작하자.

02 전공 공부를 하기위해서는 책을 읽고 끼적이며 생각해 보는 시간이 필요하다. 최소 하루 1~2시간은 혼자 공부할 시간을 반드시 확보하자.

03 시험을 앞두고 시험 범위의 책을 읽겠다는 것은 중고등학교 때에도 불가능했다. 손에서 책을 놓지 말자. 틈이 나는 대로 몇 줄이라도 읽자. 조금씩 읽고 걸어다니며 생각해 보는 공부가 필요하다.

리포트를 쓰기 전에 생각해야 할 것들

그저 내기만 하면 점수가 거의 비슷했던 고등학교 때의 숙제는 빨리 잊어야 한다.
내느냐 안 내느냐, 언제까지 내느냐로 고민하지 말자.
무엇을 담아 내느냐에 민감해야 프로다.

대학의 과제는 매우 불친절하다. 무엇을 풀어 오라거나 외워 오라는 식의 숙제에 익숙해 있던 학생들로서는 사례를 조사해 오라느니, 교재를 읽고 요약을 해 오라느니 따위의 과제가 난감할 수밖에. 숙제 완료 시점도 매우 포괄적이다. 당장 오늘 내도 되고 두 달 후에 내도 되는 것이다. 늦게 내면 점수가 깎였던 경험을 12년 동안 해 온 학생들은 혼란스러울 수밖에. '네 학점은 네가 알아서 따세요.'라는 식이니, "뭐 어쩌라는 거야."가 입에서 절로 튀어 나올 판이다. 대학 과제의 대표라 할 수 있는 리포트는 담아야 할 내용과 수행 방법이 고등학교 때와는 질적으로 다르다.

리포트는 중간고사 전에 한 번, 기말고사 전에 한 번 제출하는 것이 일반적이다. 시험만으로 성적을 평가하기가 어렵기도 한 데다, 학생의 평소 학습 수준을 살피기에 리포트만한 것이 없기 때문이다. 리포트에 대한 공지는 첫 수업 시간에 이루어지는 것이 보통이지만, 그날부터 숙제를 시작하는 학생은 아무도 없다. 제출 기한이 다가오면서 슬슬 시동이 걸리기 시작하는데, 학생들이 가장 많이 하는 실수는 이 '시간 차' 때문에 생긴다. 즉, 그 리포트에 담긴 학습 목표를 망각하는 것이다. 그저 내기만 하면 점수가 거의 비슷했던 고등학교 때의 숙제는 빨리 잊어야 한다. 내느냐 안 내느냐, 언제까지 내느냐보다는 무엇을 담아 내느냐에 민감해져야 한다.

과제를 내 주시는 교수님의 의도를 파악하라

리포트를 제출하라는 과제가 떨어지면 가장 먼저 '이 숙제를 왜 내 주시는 거지?'를 떠올리자. 이 문제가 풀리면 어떻게 해야 할지 가닥이 잡히기 시작한다. 예를 들어 수업을 하기에는 작은 주제이지만 그냥 넘어가기는 아쉬운 주제일 수 있다. 이 경우에는 주관적 견해보다는 구체적인 이론과 사례 정리 등, 꼼꼼하게 공부한 흔적이 보여야 한다. 해당 수업과의 연관성은 적으나 그 전공 전반에 꼭 필요한 바탕지식에 대한 것이라면* 대략의 내용을 정리한 후 내 생각을 부담 없이 덧붙이면 충분하다.

내가 교수라면 이 숙제를 검토할 때 무엇에 중점을 둘 것인지를 생각해 보아도 좋다. 학년과 과목의 특성을 고려해 보면 더욱 교수님의 의도 파악이 쉬울 것이다. 나는 이 숙제를 왜 해야 하는가? 리포트에 대한 부담을 덜고 방향성을 찾게 하는 질문이다.

수업계획서를 살펴보라

그 과목에 대한 배경지식도 없는 판에 잘 알지도 못하는 교수님이 숙제를 내 주는 의도를 파악한다는 것은 만만치 않은 일이다. 수강생이 백 명도 더 되는 대형 강의는 교수님 얼굴도 보기 어렵고 조교가 과제에 대한 안내를 하는 경우도 많다. 그럴 때 봐야 할 것이 수업계획서.

학생들은 아무 생각 없이 시간 맞춰 강의실에 도달하는 것이 목적일 때가

---

* 특히 1~2학년 때의 개론 수업, 학과장님이 맡으시는 수업에 이런 숙제가 많다.

많지만, 매 시간 수업은 강의 계획에 맞추어 진행된다*. 가장 중요한 것은 학습목표. 보통 2~3가지의 학습목표가 적혀 있는데, 이 학습목표에 교수님의 의도가 함축되어 있다고 볼 수 있다. "다양한 정보기술경영의 이론들을 설명할 수 있다."와 "정보기술경영의 이론을 경영 사례에 적용할 수 있다."는 학습목표가 있다면 과제물도 그와 같은 맥락에서 부과된다. 이 수업의 과제는 교수님이 제시하는 논문 목록 중 하나를 택하여 A4 5장 내외로 요약하는 것이었는데, 수업계획서만 잘 살펴도 5장 안에 어떤 내용을 넣어야 할지 가늠해 볼 수 있다. 그 논문에서 이론적 배경으로 삼고 있는 것이 무엇인지 살피고, 선택한 사례에 그 이론이 어떻게 반영되었는지를 밝히는 데 초점을 두어야 한다. 제목이 쉬워 보이고 양이 적은 논문을 골라 앞뒤만 읽고 띄엄띄엄 베낀 학생과 학점 차이가 나는 것은 당연하다.

리포트에 대해 떠오르는 아이디어는 그때그때 메모하라

리포트는 날 잡아 책상 앞에 앉는다고 해서 써지는 녀석이 아니다. 어떻게든 써서 낼 수는 있겠지만, 스스로 생각해도 영 마음에 들지 않았던 경험은 한 번쯤 다 있을 것이다. 단순히 '읽고 요약하라'는 객관성을 요하는 과제라 해도 무엇을 기준으로 요약할 것인지 생각이 있어야 하고, 요약의 기준은 읽어 나가면서 정립된 것이어야 자연스럽다. 어찌되었든 나의 통찰력이 가동되어야 한다.

리포트의 주제에 대해 떠오르는 아이디어가 있다면 그때그때 메모하자. 수업 중에 교수님이 힌트를 주실 수도 있다. 리포트 주제가 머릿속에 남아 있다

---

* 예전에는 교수님 '필'대로 아무거나 수업하기도 했지만 요즘은 어림없다.

면 관련된 신문 기사도 눈에 들어올 것이고, 심지어 어릴 적 경험들이 떠오르기까지 한다. 모두 창의적인 리포트의 내용이 될 수 있다. 산발적으로 메모를 해 두었다가 책상 앞에서는 그 아이디어들을 추려서 목차로 만들어 내면 된다. 이 목차 구성에 가장 많은 집중력이 요구되며, 이 과정에서 리포트의 수준이 결정된다.

실천해 본 사람만 공감하는 조언

01 '이 많은 학생들 것을 다 읽어 보실까?'라는 타협하고 싶은 마음을 버려라. 다 읽어보지 않더라도 대충 쓴 것과 양만 많은 것은 쉽게 드러난다.

02 리포트의 주제에 대해 떠오르는 아이디어가 있다면 그때그때 메모하자. 신문 기사, 어릴 적 경험 모두 창의적인 리포트의 내용이 될 수 있다.

03 베끼는 것은 습관이 된다. 베끼고 난 다음의 문장을 이어 나가기 어려우니 다시 베끼는 악순환이 반복된다. 문장력에 자신이 없다면 베끼고 싶은 문장의 단어와 서술어를 바꾸는 것만이라도 해 보자.

자격증·고시 합격을 만드는 오답노트

시험을 잘 보기 위한 공부는 합격할 만큼 공부를 하는 것이 최우선이다.
오답노트는 시험에 불필요한 공부를 하지 않게 하며
시험에 필요한 만큼의 지식은 꼭 채우게 한다.

3학년으로 복학을 하면서 성민이는 '나에게 이런 열정이 있었나!' 싶을 만큼 달라진 태도로 공부를 하고 있다. 수능 이후 처음이다. 학교 수업도 빠지지 않을 뿐 아니라, 늘 술 마시러만 갔던 학회 모임에도 이제는 공부를 하러 간다. 군대 가기 전에는 그저 놀고 취하는 분위기였는데 2년 사이에 학회방은 도서관으로 변했다. 요즘 후배들은 1학년부터 놀지도 않고 공부에 전념한다. 분위기 뿐 아니라 후배들의 실력도 대단하다. 일주일에 한 번 시험을 대비한 사례 공부 시간에는 숨이 찰 정도다.

"야, 요즘 1·2학년들 장난 아니더라."

"너도 느꼈냐? 질문하는 수준이 완전 쩔던데."

집으로 돌아오는 길 전철에서 동기와 몇 마디를 나눈다.

"그래도 애들 귀엽잖아."

"군대 안 간 애들은 다 귀엽지 뭐. 옛날에는 선배들이 우리 보고 귀엽다고 하면 속으로 미친놈이라 그랬는데 지금은 진짜 귀여워 보여."

"난 이제 공부하기 시작하는데 어떡하냐."

"틀리는 문제는 계속 헷갈려. 오답노트 만들어 볼까?"

"오답노트? 나는 그냥 책에다 적어 놓는데……. 오답노트 만들면 괜히 볼 것만 많아지는 거 같아서 일부러 안 해."

"그런가?"

중고등학교를 다니며 오답노트의 효과를 체험하지 못한 학생이라면 대학생이 되어서도 오답노트 따위는 쓰지 않을 것이다. 그러나 그 효과를 본 학생들도 대학생이 되어서는 오답노트 작성을 망설인다. 문제의 수준과 공부할 분량이 수능과는 비교가 되지 않기 때문이다. 그러나 오답노트는 필요하다. 특히 자격고사나 취업시험, 고시 같은 '시험을 잘 보기 위한 공부'를 위해서는 꼭 필요하다.

틀린 문제가 아니더라도 공부를 하다가 좋은 문제를 만나면 정리해 두는 것이 좋다. 문제와 제시문, 보기 등에 주요 사항이 압축적으로 담겨 있는 문제는 문제를 보는 것만으로도 여러 가지가 되새겨지며 공부가 되기 때문이다. 바인더노트를 활용해 단원별로 정리해 두면 나의 사고체계를 그대로 노트화한 모양이 되므로 문제집을 푸는 것보다 학습효과가 크다. 따라서 오답노트는 단지 틀린 문제를 정리하는 것 이상의 의미가 있다. 오답노트를 어떻게 쓰는 것이 좋을까? 오답노트를 쓰기 전에 두 가지 주의할 점이 있다.

첫 번째, 기출문제, 모의고사는 반드시 풀어 본다. 시험을 잘 보기 위한 공부는 시험에 붙는다는 목적에 충실한 방법으로 공부해야 한다. 즉, 어느 정도 기본 개념 이해가 끝나면 바로 기출문제를 접해 보면서 어느 정도의 넓이와 깊이로 공부해야 하는지를 감 잡는 것이 먼저이다.* 다 이해하고 문제를 푸는 것도 좋지만, 문제를 보면서 무엇을 이해해야 할지를 파악해서 개념 공부

---

* 그렇더라도 이제 막 공부를 시작한 단계에서는 기출문제와 모의고사의 문제조차 이해하기 어렵다. 기본적인 개념과 용어 이해 정도는 마친 후에야 오답노트 전략이 유효하다. 대학에 입학하자마자 고시, 자격증 공부부터 시작하는 1학년들은 특히 주의해야 한다.

를 보완하는 것도 훌륭한 전략이다. 이때의 오답노트는 틀린 문제 복습용이 아니고 공부 방향 설정용이다. 대범한 학생이라면 짧은 시간에 효과를 볼 수 있으나, 규범적 성향이 강한 학생인 경우에는 공부를 차근차근 이어 나가지 않았다는 불안함에 오히려 역효과가 날 수 있으니 강도를 조절해야 한다.

　두 번째, 오답노트에 올릴 문제를 선별한다. 오답노트는 정성껏 만들어야 한다. 여러 번 반복하며 지식을 다져 나갈 자료가 되기 때문이다. 따라서 아무 문제나 올려서는 안 된다. 오답노트는 내 지식의 흠결을 보완하는 기능을 한다. 그러니 어느 정도의 지식은 먼저 있어야 한다. 그 지식들이 연결되고 확장되는 과정에서 구멍이 생길 때에 틀린 문제가 발생하는 것이고, 오답노트는 그 구멍을 채우는 기능을 한다. 우선, 단순 실수로 틀린 문제는 제외한다. 45로 계산을 해 놓고 54로 답을 체크하는 등의 어이없는 실수들이다. 시험에서는 당락이 좌우될 만큼 크게 주의해야 할 일이지만, 오답노트에서는 '지식의 흠결'이라 할 수 없으니 제외한다. 다음으로, 지나치게 어려운 문제는 뺀다. 이는 변별력을 위해 '틀리라고' 낸 문제일 가능성이 많다. 이런 문제는 어느 시험에든 있게 마련이다. 전문가들도 예측하기 어려울 정도이니 대비를 하기도 어렵다. 합격이 목적이지 만점이 목적은 아니므로 이런 문제들은 버린다. 꼭 그런 문제가 아니더라도 내 실력으로는 이해하기 어려운 문제들도 있을 것이다. 이런 것들도 지금 내 수준에서는 오답노트로 해결될 것들이 아니므로 올리지 않는다. 지식이 없는 상태이지 '구멍'이라 할 수 없기 때문이다. 지금 내 수준에서 발견되는 구멍들이면 충분하다. 어떤 문제들이 오답노트에 정리되는 영광을 누릴 수 있을까? 알쏭달쏭해하다가 틀린 문제, 맞히긴 했지만 푸는 과정에서 헷갈린 문제, 분명 답이라고 생각했는데 이상하게도 틀린 문제들이다. 즉, 내 사고력이 개입되었으나 완전하게 풀어 내지 못한 문제들을 선별하자.

오답노트는 어떻게 써야 할까? 공부를 하다 보면 자기에게 맞는 방법을 터득하게 될 것이다. 무엇을 어디에 적을지는 자율적으로 정하라. 다만, 아래 내용들은 꼭 포함시키자*.

출처

몇 회 기출문제인지, 어디서 주관한 모의고사인지를 적는다. 시험 일자를 반드시 함께 적어 두자. 큰 시험의 공부는 수 년씩 이어지게 마련이니 출제의 방향성을 파악할 수 있다. 최신 문제와 지속적으로 출제되는 문제의 균형을 잡아 나가는 공부를 할 수 있게 한다.

단원

단원은 지식을 구분하는 기준이 된다. 틀린 문제의 단원을 적으면 내 지식의 어느 부분에 구멍이 났는지를 파악할 수 있다. 반복적으로 적히는 단원은 나의 취약 부분이므로 다시 공부해야 한다.

문제

옮겨 적어도 좋고 오려 붙여도 좋다. 오답노트 작성을 위해 새 시험지를 한두 장 더 확보해 두는 것도 요령이다.

틀린 이유

그 문제를 틀린 이유를 생각해 보면 내 지식의 구멍, 즉 나의 취약점이 무엇

---

* 명칭을 달리하거나 두세 가지 항목을 통합하여 정리할 수도 있다.

오답노트(양식)

출처 _____ **단원** _____

문제

나의 취약점
- 무엇을 몰라서 틀렸을까?

관련 공식 및 개념

해설
- 이 문제를 틀린 이유에 대한 나만의 해설
- 나의 취약점 나의 언어로 해소

인지 알 수 있다. 이것을 떠올리기 가장 좋은 방법은 시험 볼 때를 회상해 보는 것이다. 무엇 때문에 답답했는지, 무엇을 헷갈렸는지, 무엇 때문에 시간이 많이 걸렸는지 생각해 보자.

관련 개념 정리

틀린 문제 속에 녹아든 이론과 개념, 공식 등의 원리를 정리해 보자. 두세 가지의 개념이 연결되어 복합적으로 구성된 문제라면 그중에서도 내가 헷갈렸던 개념을 적으면 된다.

내가 쓴 해설

해설은 반드시 내가 쓴다. 앞에서 생각했던 '내가 이 문제를 왜 틀렸지?'에 대한 설명이라고 할 수 있다. 모범답안을 보지 않고 내가 나에게 필요한 설명을 해 주어야 한다. 아는 부분은 건너뛰고, 나의 취약점에 대해서만 이해력을 높일 수 있도록 풀이를 적자.

실천해 본 사람만 공감하는 조언

01 오답노트는 꼭 '노트'에 하지 않아도 좋다. 특히 기출문제와 모의고사는 시험지 자체에 필요한 내용을 기록하는 것이 효율적이다.

02 이론과 개념 공부가 지루하게 느껴진다면 기출문제나 모의고사 문제를 풀며 오답노트를 정리해 보자. 문제 속에 숨어 있는 이론을 찾아내는 과정을 통해 무엇을 공부해야 할지 분명히 알게 된다.

03 운동선수들은 자신의 경기 화면을 반복하여 보며 어느 부분의 실수가 왜 일어났는지 끊임없이 체크한다. 어느 분야이든 성공하는 사람들은 자기만의 방법으로 오답노트를 실천한다.

모두를 감탄케 하는 프레젠테이션

프레젠테이션을 마쳤을 때 청중의 표정이 어떠한가.
그 눈빛이 무어라고 말하는가. 흡족과 인정에 머물지 말자. 감탄과 박수가 터져야 한다.

프레젠테이션의 범위는 매우 넓다. 조별 과제가 주어지는 수업에서의 발표, 축제 준비를 위한 회의, 물건 값을 깎기 위한 흥정, 취업을 위한 면접, 복도에서 교수님께 리포트에 대해 간략히 보고하는 것, 아르바이트 수당을 올려 달라고 이야기하는 것. 이 모든 것이 프레젠테이션에 해당한다. 일반적으로 프레젠테이션을 청중 앞에서 형식을 갖추어 이야기하는 것이라고 생각하지만, 프레젠테이션은 때와 장소를 가리지 않는다. 프레젠테이션의 핵심은 상대방과의 교감이다. 상대방이 천 명이든 한 명이든 상대방의 반응을 읽고 발표자가 원하는 것을 얻어 낼 수 있어야 한다. 내 할 말만 유창하게 쏟아놓는다고 해서 될 일이 아니라는 말이다.

나의 프레젠테이션 실력은?

"말 잘한다는 칭찬을 많이 들었거든요. 친구들이랑 놀 때도 제가 나서서 다 하는 편이고요. 그래서 1학년 때 겁 없이 조 대표로 발표를 한다고 했어요. 그런데 선배들 하는 거 보니까 장난이 아니더라고요. 저는 그냥 노트 정리하듯 죽 쓰기만 했는데, 선배들은 말투부터 달랐어요. 발표 자료도 깔끔하고……. 너무 떨려 가지고 목소리가 우는 것처럼 덜덜거리면서 나오고요. 말이 자꾸 빨라져서 교수님이 천천히 알아듣게 설명하라고 두 번이나 그랬어요.

다음 내용이 뭐였는지 생각도 안 나고 조 모임 할 때 준비했던 대로 못 하고 그냥 같은 말만 계속하다가 들어왔어요."

현정이는 이후 프레젠테이션 울렁증이 생겼다. 발표할 일이 있으면 다른 자료 준비를 맡고 발표는 하지 않는다. 현정이와 같은 대학생들은 수없이 많다. 발표 후 교수님의 평가가 가혹하거나 청중의 호응이 좋지 않았던 기억이 있는 학생들은 발표를 꺼린다. 그뿐 아니라 요즘에는 직장인 사이에서도 '프레젠테이션 공포증'이 확산되고 있다. 그러나 피한다고 될까. 요즈음은 면접 때 프레젠테이션 시연을 하는 곳도 있을 정도이다. 프레젠테이션은 전공을 불문하고 현대사회를 살아가는 인재들이 갖추어야 할 역량 중 하나이다.

나의 프레젠테이션 실력은 얼마나 될까? 말만 잘한다고 될 일은 아니다. 다음 쪽 표에 제시된 문항들은 발표자가 갖추어야 할 능력을 의미한다. 발표자로서 어느 정도 준비가 되었는지 각 문항에 솔직히 답한 후 점수를 합산해 보자.

나의 점수는 얼마나 되는가? 90점 이상이라면 이미 전문발표자라고 볼 수 있다. 80점대라면 어느 정도 준비가 된 발표자이며, 70점대 이하라면 다소 개선이 필요하다. 16가지의 항목을 책상 앞에 붙여 두고 실천하고자 노력하자.

프레젠테이션 설계 '나무보다 숲을 먼저'

내가 의도하는 바를 전달하지 못했거나 나는 전달했다고 생각하는데 청중의 반응이 좋지 않다면 프레젠테이션의 방향 설정을 바로 하지 못했기 때문이다. 프레젠테이션을 준비하며 가장 먼저 해야 할 것은 자료 수집이 아니라 흐름을 구성하는 일이다. 뼈대를 세우려면 머릿속에는 프레젠테이션의 대상과 목적이 명확히 정립되어야 한다.

프레젠테이션을 준비 과정에서 학생들이 가장 많이 하는 실수는 인터넷 검

발표 준비도 측정[*]

번호	문항	전혀 그렇지 않다 매우 그렇다
1	프레젠테이션 전에 청중에 대한 분석을 한다	1 − 2 − 3 − 4 − 5
2	프레젠테이션 최종 목적을 정해 두고 있다	1 − 2 − 3 − 4 − 5
3	프레젠테이션에 필요한 준비물을 잘 챙긴다	1 − 2 − 3 − 4 − 5
4	서두 부분의 주의 집중을 위해 노력한다	1 − 2 − 3 − 4 − 5
5	프레젠테이션 시간과 내용 배분을 잘한다	1 − 2 − 3 − 4 − 5
6	프레젠테이션 흐름을 완전히 이해하고 있다	1 − 2 − 3 − 4 − 5
7	프레젠테이션 하는 동안 청중을 주시한다	1 − 2 − 3 − 4 − 5
8	청중의 상황에 따라 임기응변적으로 대처할 수 있다	1 − 2 − 3 − 4 − 5
9	슬라이드 자료가 없어도 핵심을 이야기할 수 있다	1 − 2 − 3 − 4 − 5
10	객관적이고 설득력 있는 논리적 근거를 제공한다	1 − 2 − 3 − 4 − 5
11	슬라이드 한 장마다 말하고자 하는 핵심을 기술한다	1 − 2 − 3 − 4 − 5
12	인상적이고 독특한 내용을 구성할 수 있다	1 − 2 − 3 − 4 − 5
13	결론 메시지가 확실히 전달되도록 한다	1 − 2 − 3 − 4 − 5
14	논리적 이성과 정서적 감정을 잘 조절할 수 있다	1 − 2 − 3 − 4 − 5
15	목적에 맞는 프레젠테이션을 구사할 수 있다	1 − 2 − 3 − 4 − 5
16	유머를 구사하고 청중에게 흥미를 주려 노력한다	1 − 2 − 3 − 4 − 5

색부터 시작하는 것이다[**]. 그러나 자료부터 찾기 시작하면 자료가 찾아지는 대로 발표의 내용을 구성하게 되기 때문에 발표자의 의도가 녹아들 수 없다. 수집한 자료가 단순 나열되는 산만한 발표가 될 뿐이다. '나 이런 거 저런 거

---

[*] 도영태(2005), 『프레젠테이션 요럴 땐 요렇게』, 서울: 영진미디어, 171쪽.
[**] 예외적으로, 발표 주제에 대해 전혀 아는 바가 없을 때는 자료부터 찾아보는 방법을 쓰는 것이 수월하다.

찾아봤어요.'밖에 되지 않는 것이다"*.

　프레젠테이션을 준비할 때에는 청중에게 어떤 질문을 할지, 어떤 식으로 설득의 물꼬를 틀 것이며 그에 맞춰 어떤 자료를 제시할 것인지 등에 대한 전략을 생각해야 한다. 자료는 방향을 설정한 후 그에 맞는 것으로 취합하면 된다.

　학생들의 발표 수업은 정보 전달이나 보고인 경우가 대부분이다. 이때의 자료 수집은 객관적이어야 하는데, 신문이나 전공 교재, 텔레비전, 연구소, 협회, 통계청 등 신뢰할 만한 정보원을 이용해야 한다. 내 발표에 유리하도록 자료를 생략하거나 재구성해서는 안 된다. 꼭 맞지 않는 자료라 하더라도, "이 자료는 성인 전체를 대상으로 한 것이라 대학생들의 실태와 다를 수 있습니다만 시사하는 바가 큽니다."와 같은 말을 더하여 주면 청중이 자료에 집중할 수 있도록 유도할 수 있다. 그 뿐 아니라, 평가하는 교수님께도 균형 잡힌 시각으로 자료를 활용하였다는 인상을 줄 수 있다.

청중의 입장에서 발표자료 만들기

　가장 흔히 쓰이는 발표자료는 파워포인트를 이용한 자료이다. 학생들은 파워포인트라는 프로그램을 사용하는 데 기능적인 어려움은 거의 없다. 인터넷에서 제작 샘플을 구할 수도 있으며, 교양 수업으로 파워포인트 활용법을 배우기도 한다. 그러나 프레젠테이션에서 중요한 것은 프로그램을 다루는 기술이 아니라 전하고자 하는 메시지를 어떻게 표현해 내는가이다.

---

* 대학원 수업을 들을 때에 학생들의 발표를 평하시며 교수님이 하신 말씀이다. 우리 집에도 컴퓨터 있는데 뭐하러 자료 대신 찾아 달라는 과제를 내겠느냐며 날카롭게 지적하셨다. 그 자료들을 연구한 나의 결론과 생각이 무엇인지 드러나야 한다.

발표를 준비하다 보면 발표자는 거기 몰입하여 자신이 생각하기에 중요한 정보라고 생각하는 내용으로만 구성하게 된다. 자료를 준비할 때에 놓치지 말아야하는 생각은 '청중이 알고 싶어 하는 정보인가?'이다. 나의 발표를 들을 청중들의 머릿속은 어떤 모습일까. 어떤 것을 궁금해할까. 큰 화면으로 보이는 페이지들은 발표자를 위한 것이 아니다. 글씨 크기부터 바탕색, 그림이 보이는 순서 등, 모든 것을 청중이 이해하기 쉽도록 구성해야 한다.

시각자료는 한 화면에 많은 글자를 담지 않는 것이 좋다. 자세한 내용은 설명으로 대체하고, 키워드 한두 개와 중요한 숫자 정도만 제시하여도 충분하다. 여러 개의 이미지를 제시할 때에는 시선의 움직임을 고려하여 왼쪽에서 오른쪽으로, 원형의 구조일 때에는 시계 방향으로 배치하는 것이 자연스럽다.

실제와 같은 연습

프레젠테이션의 중요성이 커지면서 기업에서는 프레젠테이션만을 전문으로 하는 인력을 따로 두기도 한다. 대학 시절 프레젠테이션 전문가의 강의를 들은 적이 있다. 주로 정부의 프로젝트를 맡는다고 했었는데, 한번 프레젠테이션을 하러 갈 때마다 7명의 비서가 붙을 정도로 막강한 실력가였다. 그분의 실력은 어디에서 나오는 것일까.

"실전 같은 연습입니다. 제 방에는 벽 하나를 큰 거울로 붙여 놓았는데요, 그 거울을 보며 선 모습, 앉은 모습, 포인터를 들어 올릴 때의 팔의 높이까지 모두 연습합니다.*"

---

* 심지어는 차를 마실 때의 찻잔을 들어 올리는 자세까지 연습한다고 했다. 각국을 다니며 우리나라의 이미지를 알리는 역할 때문이기도 하고, 높은 분들을 만날 일이 많으니 그렇게 한다는 것이다.

모든 전문가들은 부단한 연습을 통해 프레젠테이션의 완성도를 높이고 발표 울렁증을 떨칠 수 있다고 입을 모은다.

프레젠테이션의 매력은 현장성이다. 자료 준비가 어떠했든 당일에 파일을 가져오지 않았다면 꽝이고, 발표자가 덜덜 떠느라 밤새 준비한 것을 전달할 수 없었다 해도 꽝이다. 발표 전날 빈 강의실을 찾아가자. 컴퓨터를 켜고 슬라이드를 띄워 보자. 자료가 가장 잘 보이도록 형광등 불빛도 조절해 보고, 내가 서야 할 위치에 서 보기도 하자. "안녕하십니까?"부터 "감사합니다."까지 실전과 똑같은 발표를 해 보자. 혹시 자료의 순서가 어색하지 않은가. 목소리는 어떤가. 바탕이나 글씨의 색은 적당한가.

이 연습은 매우 중요하다. 그런데도 학생들이 최종 리허설을 생략하는 이유는 간단하다. 발표 전날까지도 자료 준비가 되지 않기 때문이다. 자료가 완성되지 않더라도 최종 연습은 하자. 컴퓨터의 성능에 따라 동영상 파일이 재생되지 않기도 하고, 생각보다 길어져 자료를 줄여야 할 때도 있을 것이다. 머릿속에 있는 것과 표현하는 것은 다르다. 발표자는 준비를 하면서 이미 잘 알고 있는 내용이라 빨리 말해 버리기도 하고 이해에 필요한 부분을 설명 없이 그냥 지나가기도 한다. 실전처럼 발표 연습을 해보면 그런 오류를 수정할 수 있다.

현장 연습을 할 수 없는 경우라도 최종 리허설의 긴장은 필요하다. 가장 좋은 대안은 발표를 함께 준비한 조원들 앞에서 시연해 보는 것이다. 특히 이것은 조 발표의 경우에 필수적이다. 발표 내용을 전혀 모르는 친구를 포함시키면 더욱 좋다. 서너 명 앞이라도 혼자 연습할 때와는 느낌이 다르다. 조원들을 소개하는 인사부터 마무리까지 전부 해 보자. 강조하고 싶은 내용이 잘 드러났는지, 발표 주제에 대해 잘 모르는 사람이 듣기에도 설득력이 있었는지 등, 발표 후 동료들의 예리한 지적을 받아 부족한 점을 보완할 수 있다. 조원 전체의 점수가 발표자에게 달려 있다는 부담을 덜 수 있는 방법이기도 하다.

이도 저도 어렵다면 혼자 연습을 하는 수밖에 없다. 현장감을 살릴 수 있는 방법은 발표 현장을 생생하게 떠올려 보는 것인데*, 앞에 나가 섰을 때의 느낌이나 청중의 반응 등을 그려 보아야 한다. 발표를 할 때에는 내용을 숙지하여 원고를 보지 않고도 자연스럽게 나의 의도대로 발표를 진행할 수 있어야 한다. 청중을 바라보는 시선과 목소리, 슬라이드 자료를 설명하는 정도 등을 구체적으로 상상해 보는 것이 중요하다.

프레젠테이션의 힘은 막강하다. 프레젠테이션을 대행하며 돈을 버는 회사가 있을 정도이니 그 전문성이 얼마나 깊은지 알 만하다. 대학 시절 경험하는 발표수업은 앞으로 내가 할 모든 프레젠테이션의 습관을 만든다. 사회에 나가면 내가 짠 마케팅 전략을 상사 앞에서 이야기하게 될 것이다. 10억짜리 계약을 따내기 위해 다른 회사보다 설득력 있는 프레젠테이션을 해야 할 경우도 생길 것이며, 동계올림픽 유치를 위한 프레젠테이션을 하게 될지도 모른다.

10분짜리 발표를 하더라도 10억을 위한 집중력을 갖자. 나의 연봉을 쥐락펴락하는 회장님 앞이라는 진정성을 가지고 하자. 우리나라를 대표해 동계올림픽 유치를 제안하는 간절함으로 청중을 바라보자. 이러한 마음이라면 누구라도 감탄케 할 프레젠테이션을 완성할 수 있다. 학점? 이미 A⁺다.

---

* 상상훈련의 효과는 탁월하다. 운동선수들의 경우 자세를 몇 번씩 바르게 고치는 것보다 완벽한 자세를 머릿속으로 떠올려 보게 한 후 자세를 잡는 것이 훨씬 효과적이라고 한다. 실제로 육상 선수들의 훈련에서는 결승전의 출발선 앞에 섰다는 상상을 하게 한다. 이때 출발신호가 울리고 결승선에 다다를 때까지의 뇌파는 실제로 운동장에서 뛰었을 때와 거의 동일하게 측정된다.

실천해 본 사람만 공감하는 조언

01 프레젠테이션을 할 때에 시선은 뒤쪽에서 차차 앞으로 옮기는 것이 좋다. 뒤쪽을 보면서 이야기를 시작하면 내 목소리가 잘 전달되고 있는지를 파악할 수 있다.

02 사투리는 프레젠테이션에 장애가 되지 않는다. 사투리의 억양은 한국인으로서 자연스럽고 친근한 것이다. 다만, 나도 모르게 사투리 특유의 표현이나 단어를 쓰지 않도록 주의하자.

03 프레젠테이션은 청중의 머릿속을 나의 의도대로 구성하는 일이다. 청중을 나의 경쟁자, 나를 평가하는 자, 내가 정복해야 할 자로 여긴다면 설득력을 가질 수 없다. 청중의 입장에서 청중을 배려하는 마음으로 준비하자.

잊을 수 없는 수업

환경은 결코 인간을 속이지 않는다
우리를 속이는 것은 언제나 우리 자신이다

    대학시절 학점 감당도 못하면서 이것저것 관심 있는 수업을 듣던 때가 있었다. 그중 영미문학을 가르치시던 윤혜준 교수님의 수업은 잊을 수 가 없다. 매 수업마다 생각이 커지는 말씀들을 해 주셨고, 대부분은 지금도 생생하게 기억하고 있다. 그중 한 이야기를 여러분과 나누고자 한다. 비가 올 때마다 생각나는 수업 장면이다.

    장대비가 쏟아지던 날, 출석부를 살피던 교수님이 한 학생을 지목해 질문을 던진다.
  "오늘 비가 오니까 어때요?"
  "귀찮습니다."
  "왜요?"
  "바지가 젖고 우산을 들고 다녀야 하니까요."
  또 다른 학생에게 같은 질문을 한다.
  "학생은 오늘 비가 오니까 어때요?"
  "시원했습니다."
  다른 학생에게 묻는다.

"오늘 비가 어떻게 오던가요?"
"미친 듯이 오던데요."
또 묻는다.
"비가 이렇게 오니 기분이 어때요?"
"커피가 생각납니다."
"하늘은 같은 비를 뿌렸는데 참 이상하게도 사람마다 느끼는 것이 다르지요. 어떤 사람은 커피가 마시고 싶고, 어떤 사람은 하늘에 대고 욕을 합니다. 저 비가 시원해 보이는 사람은 지금 내 마음이 시원하기 때문이고, 저 비가 미쳐 보이는 사람은 지금 내 마음이 미쳐 있기 때문이에요. 무엇이든지 자기 마음대로 보이는 법입니다."

내 마음에 따라 내가 사는 세상이 달라집니다.
여러분은 어떤 세상에 살고 있나요?
오늘은 학교에 가서 뭘 배우셨습니까?

자기관리의 기본
시.간.관.리

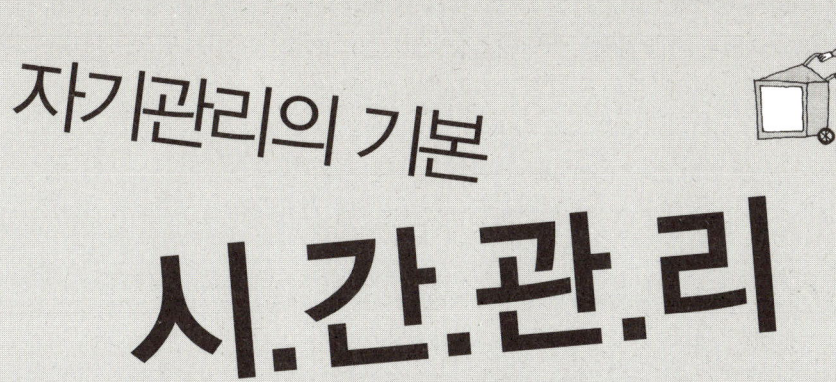

대학생들의 시간관리는 철저히 '자기 마음대로'이다.
즉, 일어나는 시간부터 정해진 것이 없다. 그날 수업이 몇 시에 시작되는지에 따라
기상시간이 달라지니, 규칙적인 생활이란 꿈도 못 꿀 일이다.
이 변화는 가족에게도 영향을 미친다. 불과 몇 개월 전까지만 해도
칼같이 6시에 아침밥을 차려 주시던 어머니는 '내가 언제 그랬느냐?'는 듯 푹 주무신다.
들쑥날쑥인 등교시간을 맞추어 끼니를 챙기는 것도 못할 짓이지만
이제 '네가 알아서 먹어라!'라는 선포를 온몸으로 실천하시는 것이다.
그래도 신난다. 자유와 가능성이 가득한 대학생활은 그것만으로도 의미가 있다.
수업 시간에는 뭐라도 하나 끄덕이게 되는 것이 있고, 방과 후에 친구들과 어울리는 재미도
쏠쏠하지 않은가. 내 용돈 쓰기에 적당한 아르바이트가 있어 준다면
부모님의 통제에서 조금 더 벗어날 수 있다. 이렇게 4년이 지나면 나는 어떤 모습일까.
신나고 바쁘게 지나가는 대학생활이지만 무언가 성과를 남기기에는 부족하다.
대학생에게 필요한 시간관리란 내가 원하는 대로 주어진 시간을 구성하는 것이다.
고등학교 때까지는 모든 시간을 쪼개어 공부를 하면 되었기 때문에
주어진 시간을 모두 공부 시간이라고 보아도 좋았다. 그러나 대학생이 되면 '해야 할 것'에
더하여 '하고 싶은 것'도 시간관리의 범위에 들어간다.
대학생들에게 부족한 시간관리 능력도 이 '하고 싶은 것'과 관련된다.
영어 학원, 취업 준비, 중간고사를 위해서는 기가 막힌 계획표를 짜면서도

정작 내가 원하는 것들에 대해서는 시간을 쓸 줄 모른다*.
반대로, 내가 원하는 것들에만 몰입하느라 전혀 관리라고는 하지 않는 경우도 있다.
'자유'라는 이름을 내걸기는 하지만 스스로도 불안함을 느낄 것이다.
내가 쓰는 시간에 대해 스스로에게 당당하지 않다면 그 어떤 경우이든
좋은 결과를 내기 어렵다. 미래는 내가 행동한 대로 이루어지기 때문이다.
내가 바라는 나의 삶을 만들어 가려면 매 순간 시간의 씀씀이가 그에 합당해야 한다.
유럽 여행을 가고 싶다면 아르바이트를 해야 할 시간을 내야 하고
그 시간을 피해 공부할 시간을 확보해야 한다. 아르바이트가 귀찮아서
유럽 여행을 포기하는 것도 자율이고, 공부할 시간을 포기해서
더 많은 용돈을 버는 것도 자율이다.
내가 의지를 담아 시간을 쓰는 대로 나의 미래가 만들어지는 것이다.
대학생활이 나에게 요구하는 시간관리 능력은 주어진 시간에 주어진 임무를
완수하는 수준이 아니다. 주어진 시간에 내가 주어진 임무를 완수할 뿐 아니라
내가 원하는 삶의 의미도 찾아야 하며, 마음속에 꿈꾸었던
그 무엇인가를 이루기도 해야 한다.
지혜로워지자. 내가 원하는 성과를 위해서는 그 실천을 위해 시간을 내야 한다.
생각을 열자. 주어진 시간을 잘 쓰는 것에서 조금 더 나아가야 한다.
내가 원하는 미래를 만들어 가는 창조적인 시간관리의 달인이 되기를 바란다.

---

* 초중고 12년 간 '모범생 병'에 걸린 탓이다.

관리되지 않는 시간은 시간이 아니다

돈이 생기는 대로 필요에 따라 쓰는 사람은 평생 목돈을 만지지 못한다.
시간도 마찬가지다.
꼭 해야 할 일에 시간을 먼저 배정해 두고 나머지 시간을 지혜롭게 쓰는 것은
돈을 소비하는 것만큼이나 중요한 일이다.

    의대에 입학한 학생들은 또래 학년 중에 가장 공부를 잘하는 학생들이다. 그런데 이 학생들도 제적을 당하기도 한다. 왜 그럴까? 이를 궁금히 여긴 미국의 한 의과대학에서 학생들의 제적 이유를 연구했었다. 의대생들이 제적을 당하는 것은 학습동기가 약해서도 아니고, 공부 전략이 부족해서도 아니었다. 가장 주된 이유는 시간관리를 잘 못한다는 것이었다[*].

    할 것, 하고 싶은 것이 폭발적으로 늘어나는 대학생활에서 성공적인 시간관리를 하기 위해서는 1시간을 2시간처럼 쓸 줄 알아야 한다. 이것이 가능하려면 가장 집중이 잘 되는 시간을 구분하여 인식하는 것은 물론, 계획한 일에 몰두할 수 있는 안정된 정서[**], 같은 시간에 같은 일을 해 온 데서 오는 자연스러움이 필요하다. 즉, 시간관리라는 것은 나의 일상을 모두 점검하는 자기관리와 다르지 않다.

    무언가를 '관리'한다는 것은 매우 능동적인 느낌을 주는 말이다. 지금 머릿속에 '우리 집에 망치가 어디에 있나?'를 떠올려 보자. 신발장 서랍, 베란다 공구함, 마당 개집 옆 등, 장소뿐 아니라 망치의 모양까지 떠오를 것이다. 이것이

---

[*] 오정숙(2008), 『대학 4년 똑똑하게 공부하라』, 서울: 한언
[**] 마음이 불안한 사람은 한 가지 일에 몰두하지 못한다.

'관리한다'는 말의 실제적 의미다. 내가 원하면 언제라도 사용할 수 있는 상태가 곧 관리된 상태라 할 수 있다. 책을 읽고 있는 지금 내 지갑에 얼마의 돈이 있는가? 그 돈으로 오늘 점심을 사 먹고 이번 주는 빠듯하니 다음 주에 용돈을 받으면 책을 한 권 사고, 동아리 모임 회비로 만 원을 내고 등등의 구상이 내 돈을 관리하는 느낌인 것이다. 시간을 관리하는 것도 이와 같아야 한다.

나는 시간을 어떻게 쓰고 있나

돈이 생기는 대로 필요에 따라 쓰는 사람은 평생 목돈을 만지지 못한다. 시간도 마찬가지다. 시간이 나는 대로 그때그때 해야 할 일을 하는 사람은 하루하루를 살 뿐 목표를 이루기는 어렵다. 매일 24시간이 주어진다는 것은 계획의 전제가 된다. 꼭 해야 할 일에 시간을 먼저 배정해 두고 나머지 시간을 지혜롭게 쓰는 것은 돈을 소비하는 것만큼이나 중요한 일이다. 다음 장의 표에 지난 일주일 동안의 내 생활이 어떠했는지 시간의 흐름에 따라 기록해 보자. 잠, 이동, 수업 등 변동이 거의 없는 시간을 먼저 표시하고 나머지는 기억나는 대로만 기록하면 된다.

일주일 간의 시간 사용 기록을 마치면 그것을 항목별로 분류해 보자. 틀림없이 무엇을 했는지 기억이 나지 않는 시간이 많다는 사실에 놀랄 것이고, 생각보다 많은 시간을 무의미한 일에 썼다는 사실에 다시 한 번 놀라게 될 것이다.

시간 사용 기록

시	분	일 /	월 /	화 /	수 /	목 /	금 /	토 /
6	:00~:30							
	:30~:00							
7	:00~:30							
	:30~:00							
8	:00~:30							
	:30~:00							
9	:00~:30							
	:30~:00							
10	:00~:30							
	:30~:00							
11	:00~:30							
	:30~:00							
12	:00~:30							
	:30~:00							
13	:00~:30							
	:30~:00							
14	:00~:30							
	:30~:00							
15	:00~:30							
	:30~:00							
16	:00~:30							
	:30~:00							
17	:00~:30							
	:30~:00							
18	:00~:30							
	:30~:00							
19	:00~:30							
	:30~:00							
20	:00~:30							
	:30~:00							
21	:00~:30							
	:30~:00							
22	:00~:30							
	:30~:00							
23	:00~:30							
	:30~:00							
24	:00~:30							
	:30~:00							

활동별 시간 사용 분석

	하루 동안 쓴 시간							일주일 동안 쓴 시간
	일	월	화	수	목	금	토	
취침								
식사								
수업								
공부								
아르바이트								
씻기, 외출 준비								
이동								
휴식								
집안일*								
기타**								
기억나지 않음								

'어쩌다 보니 한 일'이 없어야 한다

시간관리의 복병은 '어쩌다 보니 한 일'이다. 이 시간이 뭘 했는지 기억나지 않는 시간이고 관리되지 않은 시간이다. 보통 TV 시청, 인터넷, 공상, 친구와의 잡담 등으로 채워지는데, 무의식 중에 지나간다고 생각하기에는 무서울 만큼 많은 시간이다. 하루에 세 시간이라 해도 일주일이면 스물한 시간이다. 거의 하루에 가까운 시간이 매주 기억도 하지 못하는 시간으로 흘러가 버리는 것이다***.

---

* 부모님과 함께 사는 학생들은 거의 없겠지만 자취나 하숙을 하는 학생들에게는 매우 큰 일이다.
** 동아리 활동이나 학원 수업, 독서 등 자신의 일과 중 특별한 일들을 구체적으로 기록해 보자.
*** 1년이면 45일이 넘고 80년 인생을 생각한다면 10년에 해당하는 시간이다.

'어쩌다 보니 한 일'은 휴식과는 다르다. 휴식 또한 계획적인 것이기 때문이다. 쉬는 시간을 얼마나 가질지 구체적인 시간을 정하기는 어렵더라도 집중력을 회복하기에 적합한 활동이 무엇인지는 파악하고 있어야 한다. 음악을 듣거나 책 읽기, 간식 먹기 등 적극적으로 나의 에너지를 충전해 줄 만한 휴식거리를 개발해야 한다. 몸은 쉬면서 머릿속으로는 다른 생각으로 가득하다면 그것은 쉼이 아니다. 몸과 마음이 모두 즐거운 상태에서 다른 활동에 몰입하는 것이 좋다.

생각 없이 지나가는 시간을 줄이기 위해 반드시 지켜야 할 것이 충실한 휴식이다. 그 후에는 매 순간을 의식적으로 소비하려고 노력해야 한다. 외출 후 집에 돌아와 텔레비전을 켜는 것은 산만한 시간관리의 지름길이다. "귀찮아."라는 말버릇도 모든 시간을 대충 '때우게' 만든다. 알찬 시간관리를 위해서는 나의 몸과 마음을 지혜롭게 다스려야 한다. 몸이 지치면 무엇이든 하기 싫어지므로 충분히 쉴 수 있도록 계획을 여유롭게 짜고, 과제가 몰리면 초조해질 테니 평소에 조금씩 할 수 있도록 나누어 두자.

30분 단위로 시간을 관리하자

앞에서 적어 본 시간 사용 기록은 취침 시간을 제외한 가용 시간을 30분 단위로 토막 낸 것이다. 한 시간 단위의 관리보다 30분 단위 관리가 더욱 효율적이기 때문이다. 지금 나의 수첩에 적혀 있는 할 일들의 목록을 보면 은행 가기, 수업자료 다운받기, 책 반납하기 등 반 이상이 30분 내에 할 수 있는 자잘한 일들이 많다. 밥을 먹거나 옷을 갈아입고 씻는 일도 30분이면 해결할 수 있다.

시간 사용상 기록에 학교 수업 시간을 미리 표시하고 여러 장을 복사해 두면 매주 계획을 세울 때에 편리하다. '정치학 수업 후에는 도서관에 들러 책을 반납하고, 식사를 마치면 은행에 들렀다 영어 수업에 들어가야지'와 같은 계획이 가능해진다. 공부를 할 때에도 30분에 한 번은 허리를 쭉 펴거나 물을 마시는 등, 기분 전환을 할 시간을 가지는 것이 좋다. 서서히 떨어지는 집중력을 재충전할 수 있기 때문이다.

30분 단위로 시간을 관리하는 것은 '시간은 쪼갤수록 늘어난다'는 원리를 실천하는 것이다. 작은 토막시간을 정성스럽게 쓸 수 있다면 그 토막들이 모인 우리의 인생도 성공적일 수 있다.

실천해 본 사람만 공감하는 조언

01 '어쩌다 보니 한 일'이 없도록 하자. 휴식은 의식적이고 정성스러워야 한다. 휴식이랍시고 대충 누워서 텔레비전 보고 인터넷에 빠지는 것은 금물이다.

02 시간 사용 기록에 학교 수업 시간을 미리 표시하고 여러 장을 복사해 두면 매주 계획을 세울 때에 편리하다. 해당 요일에 날짜를 기록해서 구체적인 주간 계획을 작성해 보자.

03 매 순간을 충실한 의식을 가지고 소비하자. 그 토막시간들이 모여 완벽한 인생을 완성해 줄 것이다.

시간은 생물이다

나는 무엇이든 삼켜 버린다.
날짐승이든 길짐승이든 나무든 풀이든 가리지 않는다.
나는 쇳덩이를 갉아먹고 강철을 물어뜯으며,
딱딱한 돌멩이를 가루로 만들어 버린다.
나는 왕들을 죽이고 도시를 파괴하며,
세상에서 가장 높은 산들을 납작하게 만든다.
나는 누구일까?*
–베르나르 베르베르, 「신」 중에서

    시간이 살아 있는 것 같다고 느끼지 않는가. 혼자 움직이지는 못하지만 누군가 주물럭거리면 그대로 바뀌고, 늘어뜨리거나 떼어 내면 그대로 변형되는 특성을 가졌다. 시간의 모양은 지배자가 어떤 의도를 가졌느냐에 따라 달라진다. 쪼개면 쪼개는 대로 아무리 작은 단위라도 죽지 않고 기적을 만들어 낸다. 시간이란 이토록 유동적인 것인데, 우리가 그동안 익혀 온 시간관리의 방법이라는 것은 시간을 고정된 24시간으로 한정하고 토막 나누기가 고작이었다. 지나가면 다시 오지 않을 시간이라는 것에 겁을 먹고 헛되게 보내지 않으려고만 애썼지, 5분을 5시간처럼 늘여 쓰는 방법은 익히지 못했다. 즉, 시간의 지배자이면서도 지배자 노릇을 한 번도 해 보지 못한 것이다. 시간의 지배자로서 실력을 갖추지 못한 것이라 하겠다.

    야무지게 시간을 다루기 위해서는 시간이라는 녀석의 속성을 제대로 알아

---

* 정답은 '시간'이다.

야 한다. 주어진 시간표대로 12년을 공부해 온 학생들에게 가장 강조하고 싶은 것은 '괜히 겁먹지 말라'는 것이다. 겁먹은 자는 시작도 전에 패배를 예약한 것이며 지배자 노릇을 할 수 없다. 조금도 쉬지 않고 공부를 해야 할 것 같은 의무감이 잠자는 시간까지도 부담스럽게 만들었다. 몇 시부터 몇 시까지 무언가를 하기로 했는데 잘 되지 않으면 의지 부족이니 집중력 부족이니, 가혹하기 짝이 없는 결론들을 서슴없이 내리기도 한다. 대학생이 되었다면 나를 지켜 주었던 보조바퀴를 떼어 내어 나만의 성숙을 이루어 내야 한다.

살아서 펄떡이는 시간의 주인이 되려면 어떻게 해야 할까? 가장 중요한 것은 지금 내가 살고 있는 1분 1초에 집중하는 일이다. 그러려면 미래의 걱정이 오늘을 덮지 않도록 해야 하며, 지금 하고 있는 바로 그 일*에 최선을 다 해야 한다.

무언가를 하고자 하면 시간은 생겨난다

바쁘다고 화장실을 가지 않거나 시간을 아끼기 위해 밥을 굶는 사람은 없다. 매일 바쁘다고 하면서도 여자 친구들은 잘도 생기며, 시간이 없어 조 모임에 나올 수 없다는 친구도 휴대폰 바꿀 여유는 있다. 시간이 없는 것이 아니라 마음이 없는 것이다. 무언가를 하고자 하면 시간은 생겨난다. 그러니 '언제 하지'보다 '무엇을 하지', '어떻게 하지'를 먼저 떠올리자.

이 신비로운 원리를 온전히 누리기 위해서 아침에 눈을 뜨자마자 오늘의 일정과 해야 할 일, 만나야 할 사람들을 떠올려 보자. 다이어리에는 친구 만나기로 한 약속이나 과제 제출 같은 일정이 이미 적혀 있을 것이다. 당일 아침에

---

* 지금은 이 책 읽는 일이다. 책만 읽어라. 이 책이 나에게 뭐라고 말하는지 놓치지 말고 깨우쳐라.

기록해야 할 것은 오늘 하루를 어떻게 살 것인지에 대한 나의 결정이다. 심지어 '한나에게 자료 고맙다고 문자 보내기'와 같은 것들도 챙겨야 한다. 목록을 적으며 그 일을 할 때의 마음가짐과 태도까지 떠올려 보자. 그러면 그 시간은 계획대로 채워질 것이다. 시간을 정할 수 있는 일들은 시간을 정하고, 나머지는 자투리 시간이나 이동 중에 처리하자. 하고자 하는 일을 먼저 정하면 그것을 할 수 있게 된다. 그렇지 않으면 잊어서 못 하기도 하고, 빨리 끝낼 수 있는 일에 비효율적으로 많은 시간을 들이게 되기도 한다.

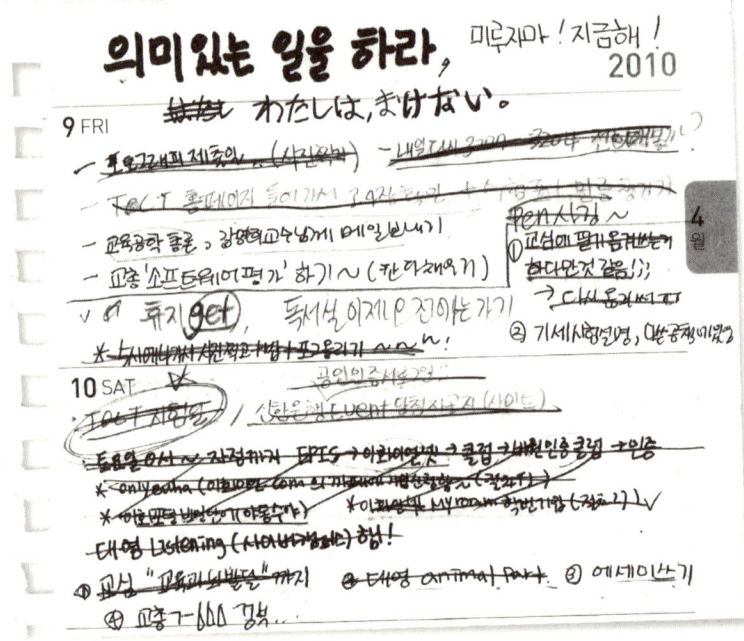

하루 실천 목록이 적힌 대학생의 수첩. 수시로 목록을 들여다보며 계획을 되새긴다면 조금만 틈이 생겨도 한두 가지 목록을 실천할 수 있다. 전철 속에서도 리포트 구상을 할 수 있고, 친구를 기다리며 책을 읽을 수 있고, 공강 시간에 인턴지원서에 붙일 사진을 찍을 수 있다.

시간의 구분은 공간과 행동의 구분이 동반되어야 한다

무언가를 하려 한다면 시간만 내서는 곤란하다. 그래서는 시간만 지나갈 뿐, 그만한 성과가 나오지 않는다. 시간을 낸다는 것은 그 시간을 위해 나의 모든 것을 투자한다는 것을 의미한다. 2시간 동안 발표수업 준비를 위한 숙제를 하기로 했다면 발표할 때와 같은 긴장감을 투자해야 한다. 집에 있더라도 학교 갈 때 입는 외출복으로 갈아입자. 물론 머리도 감고 아침도 먹어야 한다. 더 좋은 방법은 장소를 구분하는 것이다. 필요한 자료들과 노트북*을 들고 도서관이나 커피숍에 자리를 잡자. 이렇게 2시간을 집중하면 잠옷 차림으로 하루 종일 컴퓨터 앞에서 꼼지락거릴 때보다 훨씬 나은 결과물을 얻게 된다.

홈스쿨링을 하는 미국의 가정 이야기를 읽은 적이 있다. 두 자녀가 학교에 가지 않고 집에서 자유롭게 공부하는데** 집은 편하기 짝이 없어서 학습 효율이 떨어질까 고민이 되었다고 한다. 그래서 생각해 낸 것이 공부방 하나를 학교로 지정한 것. 그 방에 들어갈 때는 말끔하게 복장을 갖추고 머리도 빗고 공부할 거리를 가방에 넣고 들어가야 한다. 또, 그 방에 들어가는 순간 엄마 아빠를 선생님으로 불러야 한다. 가족이 모두 이 규칙을 지키며 신나게 성장하고 있었다. 이 사람들은 공부가 단지 시간을 들인다고 되는 것이 아니라는 사실을 알았던 것이다.

모든 일은 마음을 쏟은 만큼 성과가 나는 법이다. 똑같은 운동을 집에서 하는 것과 헬스클럽에 가서 하는 것이 다른 것도 그 때문이다. 운동복을 갖춰

---

* 요즈음엔 저렴한 넷북을 쉽게 만날 수 있다. 아르바이트로 충분히 구입할 수 있는 정도이니 하나씩 마련하기를 권한다. 장소를 구분하여 집중하기에 큰 도움이 되며, 무언가 '있어 보이는' 내 모습에 스스로 동기부여가 되기도 한다.

** 미국에는 홈스쿨링을 합법화한 주가 있으며, 홈스쿨링을 하기 위해 이사를 하는 경우도 흔하다.

입고 집을 나서면 공간이 구분되면서 마음은 이미 준비 운동이 시작된 것이다. 집에서 헬스클럽으로 이동하면 공간이 구분되는 셈이다*. 사람을 만날 때에도 상대방을 위해 시간, 공간, 행동 등 모든 것을 준비하자. 정성을 다해 몰두하는데 어떤 일이 성사되지 않겠는가.

탁월한 성과는 습관으로부터 나온다. 그것은 모든 일을 제대로 하려는 태도에서 시작된다. 무언가를 위해 시간을 냈다면 행동을 구분하고 공간을 구분하자**. 그 습관이 몸에 밴다면 남다른 성과를 내는 사람이 될 수 있다.

내일의 걱정으로 지금을 망쳐서는 안 된다

밤이 지나고 아침이 되면 세상도 나도 완전히 새로운 존재가 된다. 밤 사이 내 몸에서는 새로운 피가 만들어지고 무수한 세포들이 분열하여 죽은 피부가 떨어져 나가고 새로운 피부가 덮어진다. 그러니 오늘의 나는 어제의 나와는 다른 사람이다. 부산했던 낮 동안의 뇌도 정돈된다. 자주 쓰는 정보는 더 잘 쓸 수 있도록 인근에 배치되며, 자주 활성화되는 뇌의 부위는 더욱 촘촘한 구조를 이루며 확장된다. 우리는 매일 새로운 몸으로 새로운 세상을 사는 것이다.

오래 전 TV에서 20대 에이즈 환자의 인터뷰를 본 적이 있다. 군대에서 접대부 여성과 어울린 것이 발병 원인이었다. 제대 후 복학을 했으나 곧 휴학을 했고 여자 친구와도 헤어졌다.

각종 약들로 세월을 이어 나가고 있는 그 청년은 이렇게 말했다.

---

* 그러니 헬스클럽에 내는 돈을 아까워하지 말자.
** 공부 과목을 바꾸기 전에 자세를 바로 하고 책상 위를 한 번 정리하는 것 또한 새로 공부하게 될 과목을 위해 공간과 행동을 구분하는 습관이다.

"저는 1년 후, 10년 후를 계획할 수가 없어요. 기가 막히잖아요. 아직 20대인데……. 저는 1분 후에는 뭐 할까, 10분 후에는 뭐 할까를 생각해요."

우리는 모두 그 청년과 같은 태도로 지금을 살아야 한다. 내가 지배할 수 있는 1분, 10분을 살아야 하는 것이다. 다음 주의 일을 벌써 걱정하며, 심지어 10년 후의 일로 스트레스를 받으며 지금 내 앞의 1분을 오염시켜서는 안 된다. 매 순간을 최상의 것으로 만들자. 그래야만 나의 하루가 맑아지고 나의 인생이 완벽해진다.

실천해 본 사람만 공감하는 조언

01 무언가를 위해 시간을 내었다면 행동을 구분하고 공간을 구분하자. 그 습관이 몸에 밴다면 남다른 성과를 내는 사람이 될 수 있다.

02 다음 주에 내야 할 과제가 어렵다면 쉽게 설명된 책을 구하거나 인터넷 검색을 하는 것이 최선이다. 나의 할 일은 지금 이 순간을 멋지게 사는 일이니 다음 주의 걱정으로 오늘을 망치지 말자.

03 시간이 없는 것이 아니라 마음이 없는 것이다. 무언가를 하고자 하면 시간은 생겨난다.

나의 시간관리 능력=지난주 토요일의 내 모습

책상 앞에 앉아 조용히 집중할 수 있는 시간을 갖는 것.
생각에 빠지고 기록을 남기며
나만의 성과물을 만들어 낼 수 있는 시간은 토요일밖에 없다.
내 인생을 내 마음대로 꾸려 나가 성공하기를 바란다면
앞으로 다가오는 토요일들을 그 축소판이라 생각하자.

지난주 토요일에 뭘 했는지 떠올려 보자. 느지막이 일어나 냉장고에서 뭔가를 꺼내 먹으며 텔레비전을 켜 놓고는 이리저리 돌아다니며 세수도 하고 옷도 입고 친구한테 문자도 보낸다. 점심 때쯤 친구를 만나 밥을 먹고 영화를 보고 서점에 들러 이 책 저 책 들춰 보다가 집에 돌아온다. 오랜만에 보는 동생과 밥을 먹고는 〈무한도전〉과 주말 드라마, 9시 뉴스를 대충 보면서 저녁 시간을 보내다가 책을 좀 읽고 잠이 든다.

대학생의 주말은 건조하다. 특히 토요일은 늦잠으로 하루를 시작하게 되니 반 토막밖에 되지 않는다. 그마저 친구 만날 약속이라도 없다면 온종일 누워서 보내기도 한다. 가족 구성원들 중 토요일을 온전히 쉬는 사람은 대학생뿐이다. 일을 하시는 부모님은 토요일에도 출근하는 경우가 많고, 중고생인 동생은 학교나 학원을 가느라 토요일에도 바쁘다. 일요일은 가족이 모여 식사를 하거나 교회에 가는 등 무언가 의미 있는 활동이 있는 것에 비해 토요일은 정말 아무것도 없는 날이다. 하루를 온전히 내 마음대로 쓸 수 있는 날인 토요일의 내 모습은 어떤가. 그것이 바로 나의 시간관리 능력이라고 생각하면 정확하다.

월요일부터 금요일까지는 수업 듣고 이런저런 모임에 나가 사람들과 어울리는 것만으로도 빠듯하다. 책상 앞에 앉아 조용히 집중할 수 있는 시간을 갖고, 생각에 빠지고 기록을 남기며 나만의 성과물을 만들어 낼 수 있는 시간은 토요일밖에 없다. 대학생들에게 성장의 열쇠는 내 마음대로 주무를 수 있는 토요일을 어떻게 쓰느냐이다. 내 인생을 내 마음대로 꾸려 나가 성공하기를 바란다면 앞으로 다가오는 토요일들을 그 축소판이라 생각하자. 그 소중한 토요일에 꼭 실천해야 할 것들은 무엇일까. 해야 할 일에 쫓기는 대신에 하고 싶은 일을 하며 행복하기를 권한다. 행복을 맛본 이들이 또 다른 행복을 추구할 줄도 알기 때문이다. 되는대로 살지 않기 위해 다음 주를 구체적으로 예상해보자. 무엇보다도 나를 들여다보는 시간을 내어 수준 높은 인품을 갖추기 바란다.

이것들을 항목으로 정리해 책상에 붙여 놓고 토요일마다 실천하자. 한 주만 해 봐도 계속 해야겠다는 마음이 절실하게 들 것이고, 3주를 실천하면 요령이 생기기 시작할 것이다. 장담컨대, 대학을 졸업할 즈음에는 지금과는 다른 수준의 일상을 꾸려 나갈 수 있게 된다.

책상 정리를 하자

대학 입학 후 정성스러운 마음으로 책상에 앉아 정성스러운 마음을 가져 본 적이 있는가. 정성은커녕 가방 던져 놓는 용도로만 사용한 지도 한참 되었을 것이다. 내 방은 어떤가. 한밤중에 기어들어와 잠만 자고 빠져나가는 '숙소'가 된 지 오래일 것이다. 그 사람의 머릿속은 그 사람의 책상과 같다. 특히 공부하는 사람이라면 더욱 그렇다. 머릿속에 정체된 것이 많으면 탁월한 성과물을 만들어 낼 수 없다.

책상을 치우는 것은 지난 한 주에서 나를 빼내어 새로운 한 주를 쿨하게 시작하기 위한 의식과 같다. 대학 생활은 매 순간 새로운 에너지로 채워도 모자라는 시기이다. 책상 위에 잔뜩 쌓인 프린트 더미와 아무렇게나 나뒹구는 펜들을 정리하자. 이것은 토요일 아침에 가장 먼저 해야 할 일이다. 일주일에 한 번이라도 충분하다. '봐야지.' 하며 두 달을 넘기고 있는 책들과 '해야지.'하고 던져 놓은 영어 책들은 책장에 꽂아 두자. 내가 다시 뽑아 펼치기 전에는 눈에 거슬리며 부담만 줄 뿐, 절대 보게 되지 않는다. 책상에는 메모지 하나와 펜 하나면 충분하다. 무엇이든 여백이 많아야 새로 채울 것들이 떠오르는 법이다.

조용히 나에게 집중하는 시간을 갖자

말끔해진 책상 앞에 앉자. 무엇이든 할 수 있을 것 같은 새로운 마음이 피어날 것이다. 이제는 나에게 집중할 시간이다. 우선, 가장 좋아하는 음악을 한 곡 감상하자. 이때에는 음악만 들어야 한다. 가사와 악기 하나하나의 소리에 모두 집중해 보자. 전철에서 이어폰으로 들었던 음악과는 분명 다르게 들릴 것이다. 음악이 끝나면 기분 좋은 마음으로 나를 만들어 갈 차례이다. 가까이는 다음 주의 내 모습을 떠올려 보는 것이고,* 멀리는 졸업 후, 10년 후의 나를 만들어 가는 일이다.

다음 주에 내가 집중해야 할 키워드를 정하자

다음 주를 예상해 보는 일은 계획과는 다르다. 대학생활은 정해진 수업 이외의 모든 것이 계획적이지 않다. 갑자기 미팅이 들어오면 나가야 하고 조모

---

* 이것은 다음 주에 할 일을 생각하는 것과 다르다. 성공적인 대학생은 다음 주에 내가 어떻게 살아갈지 그 '태도'를 미리 정한다. 이 능동성이 바로 성공을 만드는 습관이다.

임 과제가 생기면 참여해야 한다. 그러니 언제 무엇을 할지 칸을 나누어 기록하는 것은 의미가 없다. 그 대신에, 다음 주에 꼭 해야 할 일들을 떠올리며 내가 언제 어떻게 긴장감을 가져야 할지 정도만 예상해 보자. 이것은 다음 주에 내 마음속에 각인해야 할 키워드를 정리하는 일이라고 할 수 있다.

다음 주 수요일에 리포트를 제출해야 하고 금요일 저녁에 친구 생일파티가 있다면 마음속에 '수요일 리포트'와 '친구 생일 선물'이라는 키워드를 담아 두자. 이것만으로도 '해야 되는데' 스트레스를 줄일 수 있다. 숙제할 걱정, 선물 살 걱정이 아니라 내가 집중해야 할 주제를 명확히 하는 것이다. 무엇을 어떻게 할지 결정을 못 했을 뿐, 물리적으로 시간이 많이 걸리는 일들은 아니다. 우선, 리포트를 위해 컴퓨터 앞에 앉는 시간은 화요일 저녁으로 하자. 그 전에는 어떤 내용으로 쓸 것인지에 대한 아이디어 구성이 필요하다. 이것을 위해서는 따로 시간을 낼 필요는 없다. 평소 들고 다니는 수첩이나 작은 메모지에 리포트의 주제와 써야 할 내용을 대략 적은 후 펜과 함께 늘 들고 다니자. 버스를 타고 가면서 리포트 아이디어를 떠올리고 어떤 내용을 넣을지 메모하는 것으로 충분하다. 쉬운 말로 적어 두고, 그럴듯한 단어를 사용하여 목차를 잡는 일은 화요일 저녁에 책을 보면서 보완하면 된다. 마찬가지로, '친구 생일 선물'이라는 키워드가 머릿속에 살아 있으면 길거리 사람들의 옷과 선글라스, 핸드폰케이스 등이 그냥 보이지 않는다. 이 모든 과정이 선물을 고르는 일이다.

해야 할 일 대신, <u>하고 싶은 일</u>에 몰두하자

마음을 다잡았으면 밖으로 나가자. 토요일에는 어떤 일들로 채우는 것이 좋을까. 친구들 만나 수다 떨기, 당구 치기는 평일 중에 모두 마치기를 권한다. 토요일에는 나를 키울 만한 활동이 반복되어야 하기 때문이다. 봉사활동,

아르바이트, 동호회* 등 나의 영역을 넓히는 일에 참여하자. 이것은 내가 하고 싶은 일에 시간을 쓰는 연습이다. 내가 원하는 삶을 살기 위해서는 내가 원하는 일에 집중하는 시간을 의식적으로 만들어 가야 한다. 내가 좋아하는 분야, 나를 키우는 사람들, 나를 가치 있게 만드는 일들을 찾아보자**.

이것이 가능하려면 평일에 부지런해야 한다. 과제는 평일 오후에 시간을 내어 마무리하자. 무엇을 해야 할지 키워드가 머릿속에 명료하다면 등하교 시간에 떠오르는 생각만 메모해도 충분하다.

실천해 본 사람만 공감하는 조언

01 그 사람의 머릿속은 그 사람의 책상과 같다. 머리를 쪼개어서 깨끗이 씻어 낼 수 있다면 얼마나 시원할까. 그 대신 할 수 있는 것이 책상 정리이다. 메모지와 펜 한 자루만 남기고 모두 정리하자. 일주일에 한 번. 나는 새로운 뇌를 갖게 될 것이다.

02 조용히 나에게 집중하는 시간을 가져 보자. 일기를 쓰면서 생각을 정리하고 감정을 다스리자.

03 작은 수첩과 펜은 항상 몸에 지니자. 전철에서도 리포트 아이디어가 떠오를 수 있으며, 지나가는 사람들의 모습을 보면서 친구 생일 선물에 관한 힌트를 얻을 수 있다.

---

* 동호회는 학교 동아리 활동과 다르다. 공통된 관심사를 좇아 직업과 나이와 생각이 모두 다른 사람들이 모인다는 것은 놀라운 경험이다. 그곳에 모인 이들이 모두 내 선생님이다.

** 한 학생이 '독서'를 나를 키우는 활동으로 삼으면 어떻겠느냐는 질문을 했다. 독서만큼 좋은 선생님은 없다. 그러므로 독서는 틈이 나는 대로 늘 해야 하는 것이다. 책을 늘 지니자. 독서는 기본이다. 시간을 내어 토요일에 특별히 독서를 한다는 생각은 남우세스럽다.

공강은 금이다

수업과 수업이 떨어져 있다는 것은 고마운 일이다.
책을 읽고 생각하고 음악을 들으며 걷자.
똑같은 수업을 듣고 4년을 보냈는데도 졸업 후 차이가 난다면
공강 시간을 다르게 보냈기 때문이다.

시간 활용에서 대학생들만 누릴 수 있는 특권이 있다면 방학과 공강 시간이다. 일 년에 두 번씩이나 그것도 두 달 이상을 내 마음대로 쓸 수 있는 시간이 보장된다는 것은 평생 어느 시기에도 누릴 수 없는 여유이다. 그러나 정작 대학생들은 그 길고긴 방학을 그저 그렇게 보낸다. 아르바이트를 하려 해도 두 달 일하고 그만둘 직원을 뽑을 사장님은 많지 않다. 여행 또한 방학마다 갈 수도 없는 노릇이다. 그러니 자격증 따기 위해 학원 다니고 영어 시험 보느라 도서관 다니는 것이 고작. 시간이 많으니 걱정도 많아져 대학생들의 방학은 생각만큼 상큼하지 않다. 그런 점에서 내가 더 가치를 두는 것은 방학보다는 공강이다. 하루 일과 중 두세 시간을 토막 내어 내 마음대로 쓸 수 있게 된다는 것은 엄청난 축복이다. 이 또한 평생 어느 시기에도 누릴 수 없는 특권이다. 두세 달은 막막하지만 두세 시간은 만만하지 않은가. 당장 나에게 필요한 시간이며 충분히 성공적으로 소비할 수 있는 시간이다.

긴 공강을 규칙적인 자기계발 시간으로 활용하라

"대학에는 공강이라는 게 있어. 나는 지난 학기 때 네 시간씩 비는 날이 있어 가지고 일주일에 한 편씩 영화를 봤다니까."

신입생 시절 한 선배가 공강에 대해 해 주던 말이다. 영화를 무척 좋아했었는데 고등학교 때는 마음껏 보지 못했으니 대학에 와서 질리도록 영화를 보고 싶었다는 것이다. 매번 친구들을 만나 영화를 볼 수도 없으니 서너 시간의 공강을 이용해 영화를 보았다고 한다. 얼마나 멋진 일인가.

공강은 수업 시간만큼 철저하게 지켜지는 시간이다. 요일마다 규칙적으로 활용할 수 있다는 점에서 자기계발을 위해 최적의 조건을 갖추고 있다. 특히 세 시간이 넘는 긴 공강은 무엇이라도 할 수 있는 시간이다. 할 수만 있다면 수강신청 때 의도적으로 긴 공강 시간을 만들자. 학교 근처 헬스클럽에 등록하고 공강 시간에 들러 운동을 하는 것도 아주 괜찮은 방법이다.

학교에서 수시로 열리는 특강, 연주회, 공연 들도 날짜와 시간을 눈여겨보아 메모해 두자. 내가 잘 모르는 분야라 하더라도 무언가 감탄스러움을 느끼기에는 충분할 것이기 때문이다. 나는 공강 시간에 참여한 특강에서 조순 전 서울시장*, 노무현 전 대통령, 박근혜 의원의 이야기를 직접 들어 볼 수 있었다. 그뿐 아니라 오케스트라, 아카펠라, 발레, 뮤지컬, 연극 등의 공연을 보며 한없이 행복하였다. 학교 동아리에서 주최하는 공연들이 많았는데 모두 대단한 수준이었다. 이 모든 것이 내 감성을 깊이 있게 만들어 준 선생님이다**.

지금까지 그저 친구들이랑 커피 마시며 공강 시간을 보냈다면 이제 달라지자. 여유를 누리면서도 나를 키울 수 있는 방법은 얼마든지 있다.

---

* 경제학 박사이기도 한 조순 선생님은 그 세미나의 특성상 모든 내용을 영어로 말씀하셨다. 나는 아무것도 알아들을 수 없었으나 수준 있는 공부와 토론이라는 것이 무엇인지 그저 앉아 있으면서도 배울 수 있었다.

** 내 또래의 대학생들이라 생각하면 놀랍다. 나는 지금까지 나를 바라보는 누군가에게 감동을 준 적이 몇 번이나 있는가. 공연을 보면서도 배우는 것이 많다.

30분씩 쪼개어 활용도를 높이라

다음 페이지의 시간표를 들여다보자. 운동을 좋아하는 학생이라면 긴 공강의 월요일과 수업이 일찍 끝나는 목요일이 운동을 하기에 좋다. 화요일과 수요일은 어떤가. 수업이 늦다면 일어나는 시간도 늦어질 수밖에. '학교에 일찍 가서 공부해야지.'와 같은 계획은 실천율이 매우 낮다. 100% 지킬 수 있도록 '늦잠 편히 자는 날'로 정해 두고 다른 시간을 효율적으로 쓰는 것이 현명하다. 그밖에 학교에서 보내는 시간은 수업 시간과 한두 시간의 짧은 공강들이다. 짧은 공강은 집중하여 한 토막의 공부를 해 내거나 조용히 내 시간을 갖기에 아주 좋다. 대학생활의 특권인 시간 사용의 창조성이 발현되는 때인 것이다.

시간은 쪼갤수록 많아진다. 공강도 마찬가지다. 한 시간 단위로 짜여 있던 학교 시간표에서 공강 시간만 30분 단위로 쪼개 보자. 30분은 무언가 한 가지에 집중하기에 충분한 시간이기 때문이다. 30분이면 밥을 먹기에도 충분하고 과제를 위해 인터넷 검색을 하기에도 충분하다. 공부를 할 때에도 두세 시간을 연달아 하기보다 20~30분 단위로 하고 3분 정도 쉬는 시간을 갖는 것이 집중력 유지에 좋다.

30분으로 쪼갠 시간표는 여러 장 출력하여 쌓아 두고 매주 한 장씩 사용하면 편리하다. 간단한 컴퓨터 작업으로 가능하니 날짜를 적을 수 있는 난과 30분 단위의 시간 구분을 추가하여 만들어 두자. 매주 내야 할 숙제도 다르고 만나야 할 친구도 다를 것이다. 학교 수업은 같지만 그 사이사이의 공강은 매주 다르게 쓰일 수밖에 없다. 이번 주 나의 공강은 어떻게 사용될까? 30분 단위로 구체적인 예상을 해 보자. 그날 해야 할 일을 수첩에 빼곡하게 적어 두었다면 그중에서 30분 이상 걸리는 일들을 골라 공강 시간에 배치하면 된다. 할 일들을 언제 할지 정하면 그만큼 실현 가능성이 커진다. '할 것 많다'는 분주

평범한 시간표(위)와 공강을 30분 단위로 쪼갠 시간표(아래)

시	월	화	수	목	금
9	정치커뮤니케이션개론 (비전/206)			발표와토론 (종합/501)	실용한자 (종합/402)
10	정치커뮤니케이션개론 (비전/206)			발표와토론 (종합/501)	실용한자 (종합/402)
11		글쓰기기초 (창학/1101)	자아발견과 사회적응 (창학/1203)		
12		글쓰기기초 (창학/1101)	자아발견과 사회적응 (창학/1203)		
13					
14	대학일본어 (인문/B06)		물과 인간생활 (창학/1501)		영화로 배우는 가족심리학 (인문/205)
15	대학일본어 (인문/B06)	국제정치학개론 (국제/311)	물과 인간생활 (창학/1501)		영화로 배우는 가족심리학 (인문/205)
16		국제정치학개론 (국제/311)			
17	국제정치학개론				

시	분	월 /	화 /	수 /	목 /	금 /
9	:00~:30	정치커뮤니케이션개론 (비전/206)			발표와토론 (종합/501)	실용한자 (종합/402)
9	:30~:00	정치커뮤니케이션개론 (비전/206)			발표와토론 (종합/501)	실용한자 (종합/402)
10	:00~:30	정치커뮤니케이션개론 (비전/206)			발표와토론 (종합/501)	실용한자 (종합/402)
10	:30~:00	정치커뮤니케이션개론 (비전/206)			발표와토론 (종합/501)	실용한자 (종합/402)
11	:00~:30		글쓰기기초 (창학/1101)	자아발견과 사회적응 (창학/1203)		정치커뮤니케이션개론
11	:30~:00		글쓰기기초 (창학/1101)	자아발견과 사회적응 (창학/1203)		정치커뮤니케이션개론
12	:00~:30		글쓰기기초 (창학/1101)	자아발견과 사회적응 (창학/1203)		
12	:30~:00		글쓰기기초 (창학/1101)	자아발견과 사회적응 (창학/1203)		
13	:00~:30					
13	:30~:00					
14	:00~:30	대학일본어 (인문/B06)				영화로 배우는 가족심리학 (인문/205)
14	:30~:00	대학일본어 (인문/B06)				영화로 배우는 가족심리학 (인문/205)
15	:00~:30	대학일본어 (인문/B06)	국제정치학개론 (국제/311)	물과 인간생활 (창학/1501)		영화로 배우는 가족심리학 (인문/205)
15	:30~:00	대학일본어 (인문/B06)	국제정치학개론 (국제/311)	물과 인간생활 (창학/1501)		영화로 배우는 가족심리학 (인문/205)
16	:00~:30		국제정치학개론 (국제/311)			
16	:30~:00		국제정치학개론 (국제/311)			
17	:00~:30		국제정치학개론			
17	:30~:00		국제정치학개론			

공강 시간을 30분 단위로 쪼개자. 한 시간만 여유가 생겨도 토막을 내어 2가지 이상의 작은 일을 해낼 수 있다.

30분씩 쪼개어 공강 활용 계획을 작성한 예

시	월	화	수	목	금
9	정치커뮤니케이션개론 (비전/206)	늦잠공부	잠 토나게	발표와토론 (종합/501)	실용한자 (종합/402)
10					
11	차아발견 report 준비	글쓰기기초 (창학/1101)	자아발견과 사회적응 (창학/1203)	입금 자라 ㄱ	정치커뮤니케이션개론
12					점심약속 with 물!
13	점심	시사왜	시사	home!	
14	대학일본어 (인문/B06)	국제정치 책읽기	물과 인간생활 (창학/1501)		영화로 배우는 가족심리학 (인문/205)
15		국제정치학개론 (국제/311)			
16	국제정치 책 읽기				
17	국제정치학개론	알바		알바	

전공 수업 전에는 수업 부분을 미리 읽어 두는 것이 좋다. 시험공부의 수고를 덜 수 있을 뿐 아니라 교수님의 설명을 입체적으로 이해하기 위해서이다. 식사는 30분이면 충분하고 남는 시간엔 책을 읽자.

함과 '시간 없다'는 불안함이 줄어듦은 물론이다.

    오늘부터 일주일 동안의 나의 공강 시간 활용 계획을 기록해 보자.

공강 시간 활용 계획

시	분	일 /	월 /	화 /	수 /	목 /	금 /	토 /
6	:00~:30							
	:30~:00							
7	:00~:30							
	:30~:00							
8	:00~:30							
	:30~:00							
9	:00~:30							
	:30~:00							
10	:00~:30							
	:30~:00							
11	:00~:30							
	:30~:00							
12	:00~:30							
	:30~:00							
13	:00~:30							
	:30~:00							
14	:00~:30							
	:30~:00							
15	:00~:30							
	:30~:00							
16	:00~:30							
	:30~:00							
17	:00~:30							
	:30~:00							
18	:00~:30							
	:30~:00							
19	:00~:30							
	:30~:00							
20	:00~:30							
	:30~:00							
21	:00~:30							
	:30~:00							
22	:00~:30							
	:30~:00							
23	:00~:30							
	:30~:00							
24	:00~:30							
	:30~:00							

이번 주 나의 공강 계획을 기록해 보자. 컴퓨터 작업으로 위 표를 만들고 수업 시간을 표시해 여러 장 출력해 두면 매주 공강 계획을 기록하기에 편리하다.

실천해 본 사람만 공감하는 조언

01 학교 근처 헬스클럽에 등록하여 공강 시간마다 들러 운동을 하는 것을 적극 추천한다. 할 수만 있다면 수강 신청 때 의도적으로 긴 공강 시간을 만들자.

02 30분으로 쪼갠 시간표를 여러 장 출력하여 쌓아 두고 매주 한 장씩 사용하면 편리하다.

03 점심시간이라고 친구와 만나 한 시간 동안 밥 먹고 한 시간 동안 커피 마시는 일은 점차 줄여야 한다. 친구들과 시간표가 같아 매주 그렇게 보내야 하는 점심시간이 있다면 그 시간을 감안하여 공강 시간을 계획하자.

079

쉬지 못하는 사람은 집중도 못 한다

쉬지 못하는 사람은 집중도 못 한다.
집중한다는 느낌이 무엇인지 알지 못하기 때문이다.
늘 적당히 가동되는 30% 정도의 집중력만으로 공부를 하고
그 정도의 집중력으로 사람을 대하고 그 정도의 집중력으로 하루를 살아간다.
그러니 매일이 그저 그렇다.

    대학 1학년을 마치고 고시 공부에 집중하겠다며 휴학을 한 적이 있었다. 2년의 휴학을 마치고 다시 복학을 한 후에는 군대라도 다녀온 학생마냥 초조했다. 남들보다 2년이나 뒤졌으니 한 학점이라도 수강 신청을 더 하려 했고, 조금이라도 낭비되는 시간이 없도록 애를 썼다. 전철에서는 물론 전철에서 내려 학교를 걸어가는 동안에도 책을 읽을 정도였다. 과제를 내러 위층으로 잠시 올라간 친구를 기다리는 동안에도 책을 펼쳤다. 가만히 있는 것을 견디지 못했던 것이다. 그렇게 책을 읽으면서도 나는 '진도를 나갔다'고 생각했다. 읽은 내용에 대해 생각하여 재구성하는 시간을 갖지도 않았으면서 '공부를 했다'고 여겼다. 조금도 쉬지 않는 내 모습이 대견스러웠던 것이다. 그렇게 하루를 지내고 나면 뿌듯했다. 하루가 꽉 찼다고 느껴졌기 때문이다.

    이 무슨 미련한 짓인가. 나는 쉬지 않았던 것이 아니라 쉬지 못했던 것이다. 쉬지 못하는 사람은 집중도 못 한다. 집중한다는 느낌이 무엇인지 알지 못하기 때문이다. 늘 적당히 가동되는 30% 정도의 집중력만으로 공부를 하고 그 정도의 집중력으로 사람을 대하고 그 정도의 집중력으로 하루를 살아간다. 그러니 매일이 그저 그렇다.

10분이라도 알람을 맞추어 두고 쉼에 몰입하자

 무언가에 몰입하면 시간 가는 줄 모른다. 공부하다 10분 간 쉬려 한다면 핸드폰으로 '10분 후 알람'을 설정해 두자. 그러고는 시간 가는 줄 모르고 쉬자. 엎드려 잠을 자거나 친구와 통화를 하거나 매점에 가도 좋다. 알람이 울리는 그 순간까지 최선을 다해 쉬자. 특히, 공부 중의 휴식은 공부하는 데 쓰인 몸과 정신의 부분을 쉬게 하는 것이므로 공부를 할 때와는 반대되는 행동과 사고를 가동시키면 가장 좋은 휴식이 된다. 근거리의 활자에 지친 눈을 쉬게 하기 위해 먼 곳을 보고, 앉아 있느라 눌린 엉덩이를 쉬게 하기 위해 일어서고, 논리적 사고를 하던 뇌를 쉬게 하기 위해 음악을 듣는 것이 그 보기이다. 마냥 쉴 수는 없으니 쉬는 시간은 짧을 수밖에 없다. 짧은 시간 동안 완전히 몰입하지 않는다면 우리는 완전히 회복되기 어렵다. 시험 10분 전의 벼락집중의 경험을 기억하는가. 그 놀라운 집중력이 쉬는 시간에도 가동되어야 한다.

 밖에서 돌아와 쉬고 싶을 때는 어떤가. 가방은 들어오면서 내던지고 양말을 벗으며 텔레비전 앞에 드러눕는다. 시간 가는 줄 모르고 쉴 수 있는 최적의 조건이다. 그럴 때에는 20분 알람을 맞추자. 30분을 넘으면 머리가 무거워지고 만사가 귀찮아서 일어날 수가 없다.

 하루를 통째로 내어 엠티를 가는 경우는 어떤가. 이때는 하루 종일 노는 데 집중해야 한다. 마치 오늘 이후에는 평생 엠티라는 것은 갈 수 없다는 듯한 마음가짐으로 즐기자. 크게 웃고 온갖 재미있는 이야기들을 나누며 친구들의 눈빛을 바라보자. 열심히 사는 대학생들 중에는 놀면 마음이 풀어져서 일부러 엠티 '같은 데'를 안 간다고 하는 친구들도 있다. 여전히 미련하다. 그것은 마음이 풀어진 것이 아니라 집중해서 놀지 못했기 때문이다. 놀면서도 공부적정을 했을 테니 노는 것도 별로 재미없고, 다시 공부로 돌아와서도 괜히 놀았다는 생각이 드는 것이다. 집중해서 놀고 제자리로 돌아오는 과정을 경험하자. 생각보다 쉽다. 대학을 졸업할 때쯤이면 엠티, 여행, 방황……, 집중하여 쉬는 동안 성장한 다양한 감각들이 모두 나의 역량으로 되돌아옴을 느낄 수 있을 것이다.

잠은 죄가 아니다

"잠은 죽어서도 충분하다!", "니 점수에 잠이 오냐?", "내가 잠자는 동안에도 적들의 책장은 넘어간다!". 교실 칠판이나 책상머리에서 흔하게 볼 수 있는 문구이다. 잠을 이기고 공부를 해야 한다는 의무감은 잠을 혐오스러운 대상으로 만들어 놓았다. 이 고정관념은 대학생이 된 이후에도 이어지는데 대학생활에서는 난이도가 조금 더 높아진다. 자고 일어나는 시간이 불규칙하기 때문이다. 아침에 일찍 일어나서 운동도 하고 싶고 새벽반 영어 학원도 다니고 싶은데 모두 꿈 같은 일이다.

그러나 성과는 잠을 줄여서 내는 것이 아니다. 오히려 잠을 푹 잘 수 있도록 잠 앞뒤 시간의 긴장감을 높여야 한다. 생각을 바꾸자. 새벽반 영어 학원을 다니기 위해서 잠을 줄인다는 것은 실천 불가능한 항목을 추가하는 꼴이다. 새벽반 영어 학원을 다니려거든 학원에서 졸지 않기 위해서라도 잠자는 시간을 충분히 확보해야 하고 그러려면 일찍 귀가해야 하는 것이다.

'잠을 줄인다'는 것 하나로 문제를 간단히 해결하려는 것은 운동하기 귀찮으니 굶어서 살을 빼겠다는 것과 같다. 잠은 죄가 아니다. 다음 날 새로운 나로 살아나기 위한 필수적인 과정이다. 7~8시간 이상 충분히 잘 시간을 확보하자. 어딘가에서 CEO들의 수면 시간이 5시간을 넘지 않는다는 식의 이야기를

잠 때문에 골치를 썩이는 대학생의 낙서. 우리 몸은 정확하다. 알람이 안 들린다면 잠이 더 필요하기 때문이다. 30분씩 일찍 자거나 30분씩 늦게 일어나는 방법으로 조정 해 보자.

들어 보았을 것이다. 그분들은 대부분이 50세 이상이며, 신체 활동량이 대학생들보다 적고 매일 새로 만들어야 할 세포의 수도 적다. 당연히 잠이 줄어든다. 기억하자. 우리도 한 살 때에는 20시간씩 잤었다. 우리는 50대가 아니며, CEO들도 20대에는 자느라 버스 종점까지 갔던 추억이 있을 것이다.

충분한 잠을 위해 몇 가지 습관만 바꾸면 된다. 자기 전에 다음 날 수업을 위해 온라인 게시판을 들여다보는 것은 자연스러운 행동이지만, 컴퓨터를 켠 김에 메일 확인이며 미니홈피 관리며 쇼핑까지 하게 될지 모른다. 다음 날 수업 준비는 전날 하교 직전에 학교에서 하자. 출력물이 있다면 그것도 학교에서 해결하자. 과제며 친구 만나는 일은 오후 시간을 이용하고, 집에 돌아와서는 오로지 '잘 생각'뿐이어야 한다.

쉬는 시간을 확보하라

계획을 세우고도 그대로 실천하지 못하는 것은 쉬는 시간을 고려하지 못했기 때문이다. 의지 부족이 아니라는 말이다. 의지 부족을 탓하기 전에 나의 의지가 정상적으로 가동될 만한 환경을 만들었는지를 먼저 생각해야 한다.

다시 한 번 강조하거니와, 계획은 해야 할 일들의 나열이 아니라 '나의 의도대로 시간을 쓰기 위한 사전 작업'이다. 그러니 해야 할 일들뿐 아니라 그 일들 사이사이에 벌어지는 예측치 못한 일들과 나의 감정, 나의 피곤함까지도 모두 고려해야 한다.

계획을 세울 때에 가장 먼저 할 일은 내 마음대로 쓸 수 없는 시간을 빼는 것이다. 수업 듣는 시간, 이동 시간, 잠자는 시간 등이다. 나머지 시간은 내가 마음대로 쓸 수 있으니 그 시간에 나의 의도를 넣어야 한다. 내가 마음대로 쓸 수 있는 시간 중에서도 꼭 쉬어야 하는 시간은 제외한다. 챙겨 보는 드라마가 있다면 표시해 두자. 그 시간은 '내가 쓸 수 없는 시간'에 해당하는 것이다. 1교시 수업이 아닌 날은 늦잠을 자기 마련이다. 늦잠 자는 시간도 표시하자. 그 시간도 내가 쓰지 못하는 시간이다. 평소에 나의 행동을 그대로 인정하면서 노는 시간, 쉬는 시간을 체크해 보자. 이번 주 금요일에는 아빠랑 밤낚시를 하러 가기로 했는가. 그렇다면 금요일 저녁 시간에 이어 토요일 오전 시간까지 시원하게 비워 놓아야 한다. 계획을 세울 때 반드시 피해야 할 생각은 '이제 진짜 일찍 일어나고 텔레비전도 안 볼 거야.'이다.

쉬는 시간을 먼저 챙기고 남는 시간에 내가 해야 할 일들을 떠올려야 한다. 내가 미리 '찜'한 쉬는 시간은 침범하지 말아야 한다. 발표 준비를 위해 바쁘다면 문자 메시지로 날아온 친구와의 약속은 미루는 것이 현명하다*.

---

* 친구들 만나 술 마시고 커피 마셔 봤자 용돈만 깨지고, 고민을 털어놓아 보았자 그 머리가 그 머리니 답은 안 나오고 신세한탄만 하게 된다.

'내가 쓸 수 없는 시간'을 표시한 예

시간	분	일 6/6	월 6/7	화 6/8	수 6/9	목 6/10	금 6/11	토 6/12
6	:00~:30		잠			잠		늦잠
	:30~:00							
7	:00~:30	잠		늦잠				
	:30~:00							
8	:00~:30							↓
	:30~:00							
9	:00~:30		정치커뮤니케이션개론 (비전/206)			발표와토론 (종합/501)	실용한자 (종합/402)	
	:30~:00							
10	:00~:30							
	:30~:00							
11	:00~:30	교		글쓰기초 (창학/1101)	자아발견과 사회적응 (창학/1203)		정치커뮤니케이션개론	
	:30~:00							
12	:00~:30	회				점 심 먹 기		
	:30~:00							
13	:00~:30							
	:30~:00							
14	:00~:30		대학일본어 (인문/B06)		물과 인간생활 (창학/1501)	생 비 움	영화로 배우는 가족심리학 (인문/205)	
	:30~:00							
15	:00~:30			국제정치학 개론 (국제/311)				
	:30~:00							
16	:00~:30							
	:30~:00							
17	:00~:30		국제정치학 개론					
	:30~:00							
18	:00~:30			알 바		알 바		
	:30~:00							
19	:00~:30	TV 제					가족	
	:30~:00	개 편 2					외식 + 밤마실	
20	:00~:30							
	:30~:00							
21	:00~:30							
	:30~:00							
22	:00~:30				드라마			
	:30~:00							
23	:00~:30							
	:30~:00				잠			
24	:00~:30							
	:30~:00				↓			

계획을 세우기 전에 가장 먼저 해야 할 일은 내 마음대로 쓸 수 없는 시간을 골라내는 것이다. 그 중에는 수면 시간, 쉬는 시간도 포함된다. 늘 보던 드라마, 늘 자던 늦잠은 그대로 인정하자. 평소 내 생활대로 체크해야 실천 가능한 계획을 세울 수 있다.

실천해 본 사람만 공감하는 조언

01 공부 중에 쉬는 시간을 갖거나 텔레비전을 볼 때에는 알람을 맞추자. 시간 가는 줄 모르고 혼신의 힘을 다해 쉬는 사람만이 온전하게 다음 단계로 나아갈 수 있다.

02 잠 때문에 무언가를 하지 못했다는 것은 핑계다. 잠은 밥 먹는 것만큼이나 필수적인 일이다. 수면 시간을 충분히 확보하자. 일찍 자기 위해 오후 시간을 부지런히 보내는 것이 가장 현명한 잠 관리 방법이다.

03 계획을 세울 때 반드시 피해야 할 생각은 '이제 진짜 일찍 일어나고 텔레비전도 안 볼 거야.'이다. 나의 평소 행동을 그대로 인정하면서 노는 시간, 쉬는 시간을 체크하자.

대학생의 딜레마
- 할 것도 산더미, 놀 것도 산더미

고수는 머릿속이 한 가지 생각으로 가득 차 있고
하수는 머릿속이 만 가지 생각으로 가득 차 있다.
-이외수, 「아불류 시불류」 중에서

1학년 성곤이는 대학생이 되어서도 단조로운 일상을 보냈다. 학교 갔다가 집에 오면 수업마다 쏟아지는 과제를 하기에도 바빴다. 학교와 집을 오가는 생활은 두 달 정도 계속되었다. 친구들이 미팅 약속을 잡아 놓고 불러내기도 했지만 괜히 마음이 흔들리면 안 될 것 같아 거절했다.

"미팅을? 왜?"

놀라 묻는 나에게 성곤이는 요즘 대학생다운 답을 했다.

"아직 학부라서 전공이 정해지지 않았거든요. 저는 경영학과를 꼭 가고 싶은데, 경영학과는 우리 학부 중에서 제일 경쟁이 심해요. 학점이 거의 만점에 가까워야 될 거에요. 그래서 출석이나 과제 내는 것도 다 신경 쓰여요."

"노는 거 별로 안 좋아하는 사람들도 있지. 괜히 돈만 쓰고, 그래도 동아리 활동이나 아르바이트는 해 보고 싶지 않아?"

"동아리는 별로 관심 없어서 고등학교 때도 하지 않았고요. 아르바이트는 하고 싶었는데 학교 다니다 보니까 학교 왔다 갔다 하고 과제하는 것도 장난 아니던데요. 시간을 내지 못하겠어요. 부모님도 그냥 공부나 열심히 하래요."

이렇게 건조하던 성곤이도 중간고사가 끝나자 지친 기색이 보였다.

"학교에서 축제도 하고요. 수업 끝나자마자 집에 오는 게 좀 우울하더라고요. 어제는 친구가 밴드 공연한다고 클럽에 오라고 해서 갔었거든요. 저는 그런 데 처음 가는 거였는데, 진짜 재밌었어요. 다음 날 과제 낼 거 많았는데 그냥 놀았어요."

"그 숙제 언제 할 건데?"

"몰라요. 이제 해야지요. 교수님한테 다음 주에 내겠다고 말씀드렸더니 그렇게 하래요."

"경영학과 갈 학점은 어떻게 하냐?"

"그러게요. 만날 그게 걸려요."

대학생들의 주특기는 과제를 미뤄 놓고 노는 것이다. 다음 주에 제출하겠다고 교수님께 말씀드린 뒤에 감점 없이 숙제를 내 본 경험이 있는 학생들은 더욱 대담하게 놀아 젖힌다. 고등학교 때 놀던 것과는 비교도 할 수 없을 만큼 큰 스케일로 놀 수 있으니 이 무한한 가능성의 세계에 어찌 빠지지 않을 수 있을까. 성곤이를 포함한 모든 대학생들은 하고 싶은 것이 많다. 대학생씩이나 되었는데도 숙제도 제때 못하는 자신이 민망할 것이다. 야무지게 시간도 잘 쓰고 과제도 날짜 맞춰 내고 잘 놀 수는 없을까.

과제는 그날 40% 제출 전날 60%

보통은 중간고사 한 번, 기말고사 전에 한 번 리포트를 제출한다. 그러나 수업에 따라 조별 과제를 해야 하는 경우도 있고* 매 수업마다 작은 과제가 주어지기도 한다. 특히 자연계열의 학과에서는 문제를 풀어 오라는 숙제가 많

---

* 이 때는 과제를 위해 조 모임 시간을 따로 내어야 하므로 혼자 과제를 할 때보다 더 신경 쓸 것이 많다.

아 초등학교 때 학습지 숙제를 하던 기분이 들기도 한다*.

과제가 많다고 느끼는 것은 제출 기한이 비슷한 과제들이 여러 개 겹치기 때문이다. 해야 할 과제가 많다는 생각이 머릿속에 있으면 그 후에는 무얼 해도 "숙제해야 하는데."라는 말이 버릇처럼 튀어나온다. 그러나 과제가 아무리 많아도 일주일 전에 과제를 끝내 본 적은 없을 것이다. 늘 제출 전날 몰아치며 수업 시작 직전에 출력을 해서 뛰어 들어가지 않는가. 우리의 머릿속은 단순하다. 과제가 생기면 그날부터 '과제를 해야 하는데.'라는 생각이 자리 잡고 그 이후에는 슬며시 느슨해진다. 분명 강의실 문을 나설 때에는 과제에 대한 긴장감이 가득했다가도 집에 돌아와 가방을 던져놓고 나면 그럭저럭 잊어버려지는 것이다. 그러고는 제출 기한이 다가올 무렵 다시 마음이 조급해진다.

이 원리를 이용해 보자. 과제가 생긴 날은 40%를 해결한다. 과제 수행의 내용과 방법에 대한 설명을 수업 중에 들었을 것이므로 과제의 맥을 잡기에 가장 유리한 날이다. 노트에 대략의 목차와 전개에 대한 아이디어를 적어 놓고 관련된 인터넷 검색을 하여서 출력해 놓는 정도면 충분하다. 그것을 조합하여 최종 정리를 하는 것은 제출 전날에 하면 된다. 주어진 문제를 풀어가는 단순한 숙제라도 총 문제 수의 40%는 반드시 숙제가 발생한 당일에 해소하도록 하자. 스스로 정한 이 약속이 마음속에 있으면 공강 시간에, 친구를 기다리면서, 혹은 오가는 전철 안에서 모두 해낼 수 있다.

다 할 만한 시간이 있더라도 남겨 놓는 것이 좋다. 시간이 지나는 동안 친구들이 어떻게 과제를 하고 있는지 이야기를 들을 수도 있고, 더 좋은 아이디

---

* 겨우겨우 숙제를 다 마치면 또 수업 시간이 돌아와 새로운 숙제가 생기는 까마득함을 겪지 못한 사람은 모르리라.

어가 떠오르기도 하기 때문이다. 과제를 미리 해 두면 정작 제출하는 날에 까먹고 가져가지 않는 실수도 하게 된다. 나머지 60%는 제출 전날에 한다. 마감일을 앞두고 발생하는 집중력을 이용하기 위해서이다. 아무 생각 없이 전날 급한 마음이 드는 것과는 다르다. 당연히 양질의 과제가 완성될 수밖에 없다*.

시간이 없어 못 하는 것은 없다

대학에 입학하자마자 컴퓨터를 샀다는 학생이 있었다. 당연히 입학 기념으로 부모님이 사 주셨겠거니 생각했다. 그러나 그 학생은 고등학교 때 모은 용돈으로 샀다고 했다.

"학교에서 점심 저녁 두 번 급식을 하잖아요. 그런데 저녁밥을 먹으면 야자 할 때 졸리더라고요. 그래서 저녁은 안 먹고 집에 가서 밥을 먹고 잤어요. 저녁 급식비를 받기는 했는데 학교에 내지 않고 모았어요. 용돈 받은 것도 조금씩 모았지요. 대학 가면 컴퓨터 사려고요."

시간과 돈은 쪼갤수록 늘어난다. 고등학교 때처럼 오후 시간을 통으로 내어 공부하고 숙제한다는 생각은 버려야 한다. 그랬다가는 아무것도 못 하고 대학 4년이 지나가 버릴 것이다. 시간 활용을 야무지게 하려면 무엇을 해야 하는지 항상 생각하고 있어야 하며, 10분의 시간이라도 나면 즉시 그중에 하나를 실천할 수 있어야 한다.

하고 싶은 것 다 하면서 학업에도 게으르지 않을 수 있는 대학생활의 비결은 간단하다. 해야 할 것은 자투리 시간에 해치우고 그렇게 확보한 긴 시간은 하고 싶은 일에 투자하는 것이다. 용돈을 알뜰하게 모아 컴퓨터를 사는 것과

---

* 과제를 완성한 후에는 반드시 출력하여 다시 한 번 읽어 봐야 한다. 오타와 띄어쓰기, 글씨 크기의 균형 등, 검토를 해 보면 엄청난 수정사항들이 발견될 것이다.

같은 원리이다. 한창 생각이 커 가는 대학 시절에는 친구들과 이런저런 이야기를 나누는 것도 소중한 일이다. 감성이 풍부하다 못 해 넘칠 지경이니, 연애하느라 정신이 완전히 한번 나가 보는 것도 괜찮은 경험이다. 그 일들을 위해 구분하고 집중하자. 쪼개면 쪼갤수록 내 젊음의 시간이 길어진다.

매 순간 한 가지 생각만 있어야 한다

대학생들이 시간관리에 어려움을 느끼는 것은 할 일이 많아졌기 때문만은 아니다. 해야 할 일 많기로는 고등학교 시절이 훨씬 더 하다. 대학생들의 진짜 어려움은 자율성이 부족하다는 데서 나온다. 고등학교 때에는 무엇을 해야 할지만 신경쓰면 되었지만, 대학교에서는 무엇을 언제 어떻게 할지까지 스스로 결정해야 한다. 그러니 머리는 복잡하고 무엇을 하든 집중력이 떨어진다. 불안하기 때문이다. 공부든 놀이든 내가 살고 있는 이 순간에 집중하지 못하면 질 좋은 성과물이 나올 수 없다.

공부를 할 때에는 단 10분이라도 깊이 몰입할 수 있어야 한다. 놀 때에는 걱정 없이 신나게 놀 수 있어야 한다. 숙제를 하면서 놀지 못하는 것을 아쉬워하고 놀면서 숙제 부담을 버리지 못하는 태도는 습관적인 것이다. 매 순간 지금 하고 있는 그 한 가지만으로 머리를 가득 채우자.

이것은 성공을 위해 꼭 익혀야 하는 태도이다. 라면을 하나 끓이더라도 정성을 들인 것과 대충 끓인 것은 맛이 다르다. 텔레비전에 정신 팔며 먹는 라면과 예쁜 그릇에 덜어 먹는 라면도 맛이 서로 다르다. 숙제를 하는 것, 친구를 만나는 것, 수업을 듣는 것은 모두 작은 결과들을 맺게 되어 있다. 매 순간 정성을 다하자. 순간순간의 정성으로 얻어진 성과들이 연결되지 않고서는 성공이 이루어질 수 없다.

나만의 시간을 구분하라

하버드대에서는 신입생들에게 입학 초에 '자신에게 맞는 시간관리 기술을 익히는 것'이 가장 먼저 해결해야 하는 과제라고 강조한다. 시간을 계산하고 활용하는 법을 익혀야 대학생활의 계획을 세울 수 있고 성공적인 결과를 얻을 수 있기 때문이라는 것이다. 하버드대 리처드 라이트 교수는 "수많은 하버드대 학생 중 성공하는 학생들과 부진한 학생들의 차이는 바로 시간관리에 있다."고 말한다*. 시간관리가 이토록 중요한 것은 시간관리가 곧 나를 관리하는 일이기 때문이다.

성공적인 시간관리를 하는 두 학생의 이야기를 들어 보자.

"보통 6시에 일어나서 운동을 조금 해요. 그냥 집 앞에 있는 공원을 걷는 정도인데 공기도 좋고 상쾌해서 좋아요. 고등학교 때부터 아침에 일찍 일어나 공부하는 것이 편했거든요. 대학 와서도 게으름 피우지 않고 늘 일어나던 시간에 일어나려고 노력했어요. 학교에는 수업 한 시간 전에 도착해요. 도서관에 가거나 강의실에 일찍 들어가는데 그 아침 시간이 제일 행복하지요. 오늘 하루 해야 할 것들을 적어 보기도 하고요. 책도 읽고. 하루를 시작할 힘을 얻는 것 같아요."

"저는 원래 아침 잠이 많아요. 뭐 일부러 일찍 일어나려고 노력하지는 않고요. 그냥 여유 있게 자연스럽게 눈 떠지는 대로 8~10시에 일어나요. 일부러 수업도 오후에 많이 넣어 놨고요. 저녁 시간을 즐기는 편이에요. 집에 돌아오면 저만의 밤 시간을 보냅니다. 설계 과제를 해야 할 때가 많거든요. 늦은 시간에 라디오를 들으면서 작업을 하면 편안하고 아이디어도 잘 떠올라요. 일찍 일어

* 경북대학교 웹진 블로그 징검다리 http://knuwz.tistory.com/65.

나야 한다는 부담이 없으니까 내 시간을 충분히 갖고 여유 있게 하루를 마무리할 수 있어서 좋아요."

훌륭한 시간관리를 위해서는 조용히 나에게 집중하는 시간이 필요하다. 이른 아침이든 늦은 새벽이든 나만의 시간을 갖자. 나에게 주어진 시간을 소중히 여기다 보면 완벽하게 쓸 수 있다. 한 순간이라도 생각 없이 보내지 않겠다고 다짐하자.

실천해 본 사람만 공감하는 조언

01 머릿속에 생각이 많으면 무기력해진다. 놀 때는 노는 것만 생각하자. 미팅 중이라면 지금 내 앞에 있는 저 사람에 대한 생각으로 머리를 채워라. 사람의 마음을 얻는 것은 모든 성공의 기본이다.

02 시간이 없다는 것은 어디서도 통하지 않는 핑계이다. 내 경험에 따르면 20학점을 들으면서도 아르바이트로 5개의 과외가 가능했었다. 등록금도 모두 내가 냈으며 과제를 못 낸 적은 한 번도 없다.

03 과제를 전날 몰아치는 것은 게으름이지만 그 집중력은 엄청난 것이다. 과제는 주어진 날 40%, 제출하기 전날 60%를 하자. 그 가운데 남들은 자유 시간이다. 이 규칙은 과제가 많아도 양질의 성과를 내게 한다.

자유를 누리는 방법

놀고 싶으면 놀아야지요.
무얼 하든 여러분 나이 때에는 당당해야 합니다.
왜 허리 숙이고 뒷문으로 빠져나갑니까.
진실성을 가지십시오.

캠퍼스의 5월은 아름답다. 하늘거리는 바람에 꽃잎이 흩날리는 교정을 중간고사가 끝난 후의 후련함으로 걷고 있자면 세상에 부러울 것이 없다. 대학 시절, 나는 날씨가 좋은 날이면 수업을 종종 빼먹곤 했다. 이 화창한 날 책상 앞에 앉아 있는 것은 내 청춘에 대한 예의가 아니라고 생각했기 때문이다. 고등학교 때부터 단짝이던 친구에게 전화를 걸었다.
"그냥 날씨가 좋아서 전화했어."
라고 말하면 그러려니 웃으며 받아 주었다.
그러고는 훌연히 학교를 빠져나왔다. 뒤에 수업이 있든 말든 청춘을 누리며 놀았다. 대출 부탁 따위도 없었다. 내가 선택한 자유이니 결석 감점쯤은 책임지는 것이 당연하다. 이 생각은 지금도 변함없다.
화창한 날씨에 미팅도 하고 옷도 사러 다니고, 엠티도 가는 낭만을 어찌 버릴 수가 있겠는가. 그 시간에 수업을 듣든 벤치에 앉아 꽃바람을 누리든 내 선택이다. 고등학생과 대학생의 차이는 여기에 있다. 고등학생은 수업을 듣는다는 선택을 해야 정답이지만, 대학생은 둘 모두 정답이다. 이것이 자유다. 자유를 누리는 방법에 서툴렀던 대학 1학년. 교양 수업을 맡으셨던 교수님의 말씀이 아직도 귀에 생생하다.

교양 수업이 늘 그렇듯 100명이 넘는 대형 강의였다. 학생이 많으니 출석은 이름만 부르고 넘어가기 일쑤고, 학생들은 대답만 하고 나가기 일쑤였다. 앉을 자리가 없어 뒤에 서 있는 학생도 많았다. 한참 출석부에 고개를 박고 이름을 부르시던 교수님께서 갑자기 머리를 드셨다.

"저 뒤에 나가는 학생, 이 앞으로 오세요."

뒤를 돌아보니 마침 허리를 숙인 채 뒷문 근처에서 미처 못 빠져나간 여학생이 보인다. 그 학생은 태연하게 뒷자리에 앉았다. 이 큰 강의실에서 설마 나를 보았겠느냐는 표정이었다. 다시 교수님의 목소리.

"애들처럼 뭐 하는 겁니까. 지적해야 나오겠어요?"

교수님은 말없이 그 학생을 바라보았다. 더 이상 버틸 수 없었던 학생은 앞으로 나갔다. 교수님은 학생의 이름을 묻더니 아무렇지 않다는 듯 출석 체크를 다시 결석 체크로 바꾸었다.

"나가도 좋아요."

별일 아니라는 듯한 말투였다.

더 이상 수업을 들을 수도 없게 된 그 학생은 조용히 퇴장을 하고 교수님은 많은 의미가 함축된 몇 마디를 더하셨다.

"놀고 싶으면 놀아야지요. 무얼 하든 여러분 나이 때에는 당당해야 합니다. 왜 허리 숙이고 뒷문으로 빠져나갑니까. 진실성을 가지십시오. 나에게 주어진 시간을 어떻게 보낼지 자신 있게 선택하고 누리면 됩니다."

역시 대출 없이 깔끔하게 나가 놀던 나의 방법이 자유를 누리는 사람의 방법이었던 것이다. 날씨가 좋은 날은 꽃놀이 다니며 사진 찍고 깔깔 웃는 것이 행복한 일이다. 주어진 자유를 누리려면 12년 동안 길들여진 모범답안을 뛰어넘어야 한다. 모든 시간을 내 선택으로 채우고 내가 선택한 행복을 누리며 그 책임으로 성과를 만들어 내는 것이 진정한 실력자 아닐까. 학교 수업 후 남는 시간이 불안해 토익학원에 등록하고 중고등학교 때의 생활을 그대로 반복하는 대학생들을 볼 때마다 안타까움을 금할 수가 없다.

꿈을 이루는
진.로.관.리

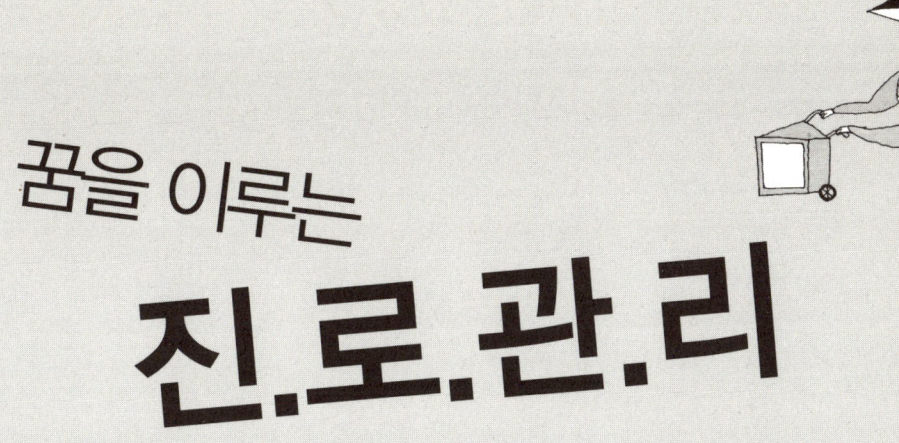

언젠가 잡지 인터뷰에서 기자가 이런 질문을 한 적이 있다.
"요즘 학생들에게 가장 큰 문제는 무엇이라고 생각하시나요?"
나는 "아는 게 너무 많은 것"이라고 답했다. 보는 것도 많고 듣는 이야기도 많으니 겁이 많다.
그래서 행동을 하지 못한다. 행동을 하지 않으니 깨우치는 것이 없고 성장하지 못한다.
내가 앞으로 어떻게 살아갈지에 대한 답을 왜 인터넷에서 찾으려 하는가.
온 우주에서 하나밖에 없는 내가 어떤 일을 좋아하는지는 내가 가장 잘 안다. 진로를 선택할 때에는 취업과 돈벌이, 안정성을 고려하기 전에
가장 먼저 자신에게 진실해져야 한다.
두려워하지 말자. 진로는 '무엇을 택했느냐'보다 그것이 무엇이든
'어떠한 태도로 임했느냐'에 따라 달라진다. 내가 하고 싶은 것이라면, 오래전부터 관심 있는
분야였다면, 택하자. 인터넷에는 무언가에 대해 좋게 설명해 놓은 것이 별로 없다.
어렵게 택한 후 인터넷을 뒤지다 보면 온갖 좌절 가득한 글들에 혼란이 찾아올 것이다.
택했다면 내 방법으로 이루어야 한다. 여기저기 들리는 이야기들로 내 꿈을 접었다면 잘했다.
그 정도로 접힐 꿈이라면 일찌감치 접는 것이 좋다. 아마도 내가 진정으로 원하는 일이
아니었을 것이다.
대학생에게 진로는 나를 키우는 과정이다. 내가 나를 책임지며 내가 나를 일으키고
내가 나를 다독이고 내가 나를 혼내야 하는 과정이다. 그러니 한 번에 해결될 것은
생각지도 말아야 한다. 대기업에 취업되었다고 덮어 버릴 일도 아니다.

10년 후의 나는 어떤 모습일지, 3년 후의 나는 어디에 있을지 내다보며 끊임없이 나를 살게 하는 것이 진로, 즉 '나아갈 길'인 것이다.

직업 선택은 진로 선택의 하나일 뿐 전체가 될수는 없다. 먼저 내가 원하는 가치, 내가 어떤 사람이 되고 싶은지에 대한 고민을 해내자. 그 후에 직업이 필요하다. 나를 먹고살게 해 줄 직업이다. 취업을 고민 중이라면 인턴이나 아르바이트로 회사에 들어가 보자. 회사라는 곳은 분위기가 어떤가. 상사들은 어떤가. 꽉 짜인 일상이 지루하게 느껴지지는 않는가. 고시 공부를 해 볼까 망설여진다면 한두 달만이라도 진지하게 공부를 해 보자. 해 볼 만한 공부인가? 경험하지 못하고는 정확한 판단을 하지 못한다. '나중에 취업에 유리하겠지.'라는 생각만으로 인턴생활을 했다면 그저 한 것이지만, '나에게 회사 생활이 맞는지 보고 싶다.'는 의도가 있다면 나는 똑똑한 진로 고민을 한 것이다. 그저 공부를 시작했다가 몇 달 후에 그만두었다면 포기를 한 것이지만, '우선 3개월만 집중한다.'는 생각으로 시작했다면 3개월 후에 그만두더라도 나는 똑똑한 진로 고민을 한 것이다. 나를 이끌어 갈 생각을 하나 얻게 되기 때문이다.

조용히 눈을 감고 생각해 보자. 나는 어떤 사람이고 싶은가. 어떤 일을 어떻게 해내고 싶은가. 몇 가지가 떠올랐다면 그저 행동으로 옮기는 용기가 필요하다. 2~3개월 정도 기간을 정해 두고 나를 지켜보자*. 그 실천들은 자연스럽게 나의 경력이 될 것이고 소중한 경험들은 몸에 밴 역량이 될 것이다.

---

* 사회는 그것을 배려해 우리에게 '방학'이라는 제도를 주었다.

'무엇'보다 '어떤'

내가 '어떻게' 일하고 싶은지를 구체적으로 꿈꾸는 것이 진로 준비이다.
어디서 근무한다고 자랑스럽게 명함을 내놓지 못하더라도 상관없다.
나의 직업이 정확하게 명사로 확정되지 않아도 좋으며 자주 바뀌어도 좋다.
나의 일로 내가 성장하고 있다면 더 바랄 것이 없다.

한국 사회 시대별 대표 직업의 변천

■ **1950년대** 물장수, 얼음장수, 전차 운전사, 은행원, 교사, 전화교환원, 군인, 경찰, 단순 노무자, 간호사, 숯쟁이, 굴뚝 청소원, 라디오 조립원 등

■ **1960년대** 전차 운전사, 고물장수, TV 조립원, 회사원, 타이피스트, 스튜어디스, 은행원, 공무원, 공장 근로자, 탤런트 등

■ **1970년대** 공장 기계 제조원, 전당포 업자, 건설 현장 노동자, 버스 안내양, 대기업 직원, 금융계 종사자 등

■ **1980년대** 워드프로세서 조작원, 컴퓨터 프로그래머, 반도체 제조원, 백댄서, 컴퓨터 조립원, 연예인, 광고기획가, 카피라이터, 프로듀서, 통역사, 속기사, 운동선수 등

■ **1990년대** 외환 딜러, 선물 거래사, 펀드매니저, 웹마스터, 웹디자이너, 인터넷 방송 기획자, 전자상거래 전문가, 벤처 기업가, 운동선수 등

위의 표는 우리나라의 시대별 대표 직업을 나열한 것이다. 그 시대를 대표한 직업이란 쉽게 말해 누구나 인정하는 직업, 돈 많이 버는 직업, 그때에는 안

정적이라 생각했던 직업을 말한다. 우습지 않은가. 지금은 없어진 직업들이 부지기수이고 남아 있다 해도 시대를 대표하기는커녕 먹고살기도 힘든 직업이 되어 버렸다. 세상이 변해 직업의 가치가 달라졌기 때문이다.

어릴 때부터 귀찮을 만큼 들어 왔던 "너 커서 뭐 할래?", "넌 꿈이 뭐니?"라는 식의 질문은 지금까지도 우리의 발목을 잡는다. 나 혼자 생각할 때에도 '나 뭐 하지?'라고 명사형의 답을 요구하고 있지 않은가. 이제 '뭐'라는 것은 의미가 없다. 그 '뭐'도 10년이 지나면 시들한 직업이 될 것이고, 20년이 지나면 먹고살기 힘든 직업이 될 가능성이 농후하다. 앞으로 우리가 살아갈 세월은 지나간 몇십 년보다 훨씬 빨리 변화할 터이니 20년이 5년으로 줄어들지도 모를 일이다. 간단히 말해 '무엇'으로 꿈을 꾸는 것은 무의미하다.

나는 <u>어떤 사람</u>이 되고 싶은가

꿈을 꿀 때에는 미래의 내가 어떤 모습일지를 떠올려야 한다. 나는 어떤 사람이 되고 싶은가. 구체적으로 떠올려 보자. 나는 어떤 성품을 가지고 싶은가. 나는 어떤 사람들과 주로 악수를 하는가. 나는 어떤 스타일의 옷을 즐겨 입는가. 나의 첫인상은 상대방에게 어떤 느낌을 주는가. 나는 배우자에게 어떤 존경을 받는가*. 내가 희망하는 직업은 '나는 어떤 일을 하는가?'라는 질문에 해당하며, 수많은 '어떤' 중에 하나일 뿐이다. 한의사라는 희망직업이 있는 학생이라면 어떤 한의사가 되고 싶은지를 생각해야 한다. 한의사 앞에 붙을 수식어를 떠올려 보자. 모든 환자에게 인정받는 한의사, 심장병 분야에서 세계

---

* 이 질문은 '내 배우자는 어떤 사람인가?'가 아니라는 점에서 매우 수준 높은 질문이다. 배우자에 대한 욕심은 배제하면서도 나의 미래 모습을 그려 볼 수 있기 때문이다. 나를 성숙케 하려면 나에게 던지는 질문도 현명해야 한다.

적인 권위를 인정받는 한의사, 무료 진료를 하며 재능을 나누는 한의사 등등. 직업인으로서 어떤 모습일지도 구체적으로 떠올리자.

내가 꿈꾸는 '어떤'=나의 <u>가치관</u>

내가 어떤 사람이 되고 싶은지, 나의 전문성이 어떠하면 좋을지에 대한 생각들을 나열해 보았는가. 그 '어떤'들은 곧 나의 가치관이다. 대학생이나 되었지만 "당신의 가치관이 무엇입니까?"라는 물음에는 바로 대답하기 어려울 것이다. 그러나 내가 바라는 '어떤'들은 내 가치관을 다양한 수식어로 표현해 주고 있는 것이니 정확하다. 내가 어떤 사람이 되고 싶은지에 대한 답은 내가 어떤 가치들을 원하느냐에 대한 답이기 때문이다.

희망하는 직업이나 전공 분야는 달라질 수 있다. 내 생각이 변하지 않더라

나는 어떤 사람이 되고 싶은가

> 온화한 카리스마를 풍기는, 기립박수를 받는, 배우자에게 존경 받는, 요리를 잘 하는, 웃음이 떠나지 않는, 항상 1등석에 앉는, 누에게나 칭찬받는, 아픈거에 경험을 연계하는, 상대방의 마음을 시원하게 하는, 어려운 이들을 돕는, 무료 재능 봉사를 하는, 건강한, 인기가 많은, 생각이 바른, 당당한, 늘 까끗한, 직무가 좋은, 웃을 잘 웃는, 소중한...

나는 어떤 사람이 되고 싶은가. 내가 바라는 나의 모습을 나타내는 수식어들을 나열해 보자. '어떤'에 해당하는 표현들은 나의 가치관을 함축한다.

도 사회가 변하여 어쩔 수 없이 생각을 달리해야 하는 경우도 생긴다. 그러나 나의 가치관은 변하지 않는다. '온화한 카리스마를 뿜는 첫인상을 주는 사람이고 싶다.'는 사람은 직업이 무엇이든 자신의 모습을 그렇게 만들어 갈 것이다. '환자들에게 인정받는 한의사가 되고 싶었던 사람은 한의사 대신 한의학 교수가 되더라도 '학생들에게 인정받는 교수'가 되겠다는 자존심을 지키며 실력을 키워 갈 것이다.

희망 직업분야 '무엇'보다 '어떻게'

분야가 같더라도 그 일을 어떻게 수행하느냐에 따라 큰 차이가 난다. 전공이 의상디자인이라면 그 분야의 실력을 키우되 직업을 갖기 위해서는 자신의 성격과 업무 스타일 등을 신중히 살펴보아야 한다. 무조건 대기업에 들어가기만을 바라는 것은 매우 위험한 일이다. 예술 감각이 뛰어난 사람들은 정해진 일정이나 상사가 정해 놓은 콘셉트에 따라 디자인을 하는 것에 답답함을 느낀다. 매일 정해진 시간에 출근을 해서 유행에 맞추어 색을 정하고 임원회의에서 정한 봄 상품의 콘셉트에 따라 옷을 그려 내야 하는 것은 전혀 즐겁지 않은 일인 것이다. 월급 이외에 얻는 것은 아무것도 없다. 내가 내 일을 하며 행복하길 원한다면 내가 즐거워하는 업무 스타일을 알아야 한다. 경력을 위해 대기업 직장생활이 필요하다면 3년을 넘기지 않을 것이라고 생각하고 입사를 하자. 그 이후에는 내 이름을 걸고 내 실력으로 완성한 디자인을 기업에 제안하여 프리랜서로 활동할 수 있으며, 패션 화보나 잡지사와 연결되어 일을 할 수도 있다. 발을 넓혀 대중들이 쉽게 옷을 코디할 수 있도록 도움을 주는 책을 내 보면 어떨까.

내 전공 분야가 적성에 맞지 않는다면 내가 일할 분야를 다시 찾아보자. 적성에 맞는다면 그 분야에서 내가 어떻게 일할 것인지 생각해 보자. 내가 '어떻게' 일하고 싶은지를 구체적으로 꿈꾸는 것이 진로 준비이다. 따라서 어디서 근무한다고 자랑스럽게 명함을 내놓지 못하더라도 상관없다. 나의 직업이 정확하게 명사로 확정되지 않아도 좋으며 자주 바뀌어도 좋다. 나의 일로 내가 성장하고 있다면 더 바랄 것이 없다.

실천해 본 사람만 공감하는 조언

01 나는 어떤 사람이 되고 싶은가. 당장 종이를 꺼내 적어 보자. 반복되는 어휘들은 나의 가치관을 반영한다. 희망하는 직업과 업무 분야가 있다면 어떤 방법으로 일하기를 원하는지까지 구체적으로 꿈꾸자.

02 어떤 직업이 좋아 보인다면 그것이 갖는 가치 때문이다. 동시통역사, 사업가, 교사……. 내가 그 직업에 관심을 갖는 이유는 무엇인가? 유식해 보여서? 돈 많이 버니까? 안정적이니까? 그 가치들을 이룰 수 있는 직업은 많다. 관심 분야가 바뀌거나 정리해고를 당하더라도 내가 좋아하는 가치들을 기억하자. 그 가치를 이루는 직업은 언제나 나에게 만족을 줄 것이다.

03 대학생활 동안은 내가 일할 분야를 정하고 그 분야의 기본지식과 경험을 쌓는 것으로 충분하다. '직업'은 항상 가변적인 것이므로 서둘러 정하느라 초조해할 필요 없다.

면접 보러 가는가, 보여 주러 가는가

내 시간과 젊음과 노동력을 투자할 만큼 괜찮은 회사인가.
나의 상사들은 어떤 사람들일까.
회사를 이끌어 가는 임원들은 어떤 생각을 갖고 있을까.
면접이란 그 현장에 직접 가서 그 회사 직원들과 대화를 할 수 있는 기회이다.

대학생들에게 '면접'의 경험은 대입을 위해 치렀던 것이 유일하다. 어색하고 떨리며 무엇을 물을지 모르는 불안함으로 요약되는 경험이다. 취업을 위한 면접은 서류전형과 필기시험을 모두 통과한 후에 최종 단계에서 진행되는 것이라 그 긴장감이 더하다. 대기실에서 자신의 차례를 기다리는 심정은 또 어떤가. 이 초조함은 모두 '잘 보여야 할 텐데.'에서 비롯한다. 면접관들 마음에 쏙 드는 표정과 몸짓과 답변을 생각하느라 온 정신이 쏙 빠지는 것이다.

이상하지 않은가. 우리는 면접을 '보러' 간다고 말하지만 사실은 '보여 주고'만 오는 셈이다. 어떻게든 취업만 되었으면 좋겠으니 나 좀 뽑아 달라고 무릎이라도 꿇고 싶은 심정이겠지만 판단력을 발휘하자. 내 시간과 젊음과 노동력을 투자할 만큼 괜찮은 회사인가. 나의 상사들은 어떤 사람들일까. 회사를 이끌어 가는 임원들은 어떤 생각을 갖고 있을까. 면접이란 그 현장에 직접 가서 그 회사 직원들과 대화를 할 수 있는 기회이다. 면접을 보게 되었다는 것은 이미 그 회사에서 일할 적당한 조건을 갖추었다는 것을 의미한다. 즉 학점, 영어 점수, 사진, 자격증, 자기소개서 등의 조건으로는 괜찮다는 이야기다. 면접관들은 면접자의 내면을 알고 싶어 한다. 어떤 생각을 하는 사람인지, 목소리는 어떤지, 정말 사진처럼 예쁜지, 곤란한 질문을 받을 때의 반응은 어떤지를 궁금해하는 것이다. 면접 담당자들은 사람 보는 눈을 가진 선수들이다. 회사에 대한 호기심과 당당함을 가진 후보자를 '쓸 만한 놈'으로 결정하는 것은 당연하다.

입사할 생각이 있다면 1등으로 지원하라

면접을 고통스럽게 만드는 일등공신은 대기실에서의 초조함이다. 면접을 마치고 퇴실하는 앞 사람의 표정을 보며 순서를 기다리는 일은 말 그대로 못할 짓이다. 면접의 순서는 입사지원서의 수험번호 순서대로이다. 서류심사를 거치면서 부적격자가 탈락되기는 하지만 앞뒤가 달라지지는 않는다. 면접에 유리하려면 수험번호가 빨라야 한다. 1번이 가장 좋다. 면접대기 시간이 거의 없기 때문이다. 더 중요한 이유는 면접관이 처음 만나는 사람이라는 것이다. 비교의 대상이 없다. 즉, 내가 그날 면접의 기준이 되는 것이다. 면접관의 피로와 혼란이 전혀 없는 상태이기도 하다.

채용 공고를 낸 후 밀려드는 이력서들을 검토해 보면 채용공고를 낸 날과 그 다음 날 도착하는 이력서들이 가장 많다. 이틀 정도면 담당자들도 대략의 숫자와 지원자들의 수준을 파악할 수 있을 정도다. 마음속으로 뽑을 사람을 정하기도 한다. 날짜가 지날수록 지원자 수도 줄어들 뿐 아니라 이력서의 수준도 떨어진다. 입사지원서를 제출할 때에는 제일 먼저 낸다는 생각으로 준비하자. 일치감치 도착한 입사지원서는 '지원서 제출할 날만을 기다렸습니다.'는 적극성을 보여 줄 것이다. 면접 순서도 빨라지고 합격의 가능성도 높다.

면접은 그 회사의 내부를 살필 기회다

『남자처럼 일하고 여자처럼 승리하라』의 저자인 게일 에반스*는 본인이 일할 회사를 알아볼 때에 인터뷰를 위해 사무실을 방문하면 직원들의 표정과 회사의 정리 상태 등을 눈여겨 살펴보았다고 한다. 전적으로 동의하는 부분이다. 화장실에 들러 화장지는 채워져 있는지, 세면대의 청소 상태는 어떤지 보자. 직원들이 쓰는 칫솔과 로션들이 나뒹굴고 있지는 않는가. 면접 대기실**의 책상과 의자는 어떤가. 창문은 잘 닦여 있는가. 직원들의 모습도 중요하다. 그들의 책상과 말투는 어떤가. 한 달 후 그곳에서 일하고 있는 나를 상상해 보자. 행복할까? 이것이 바로 면접 보러 가서 보고 와야 할 것들이다.

신입사원의 70%는 입사 후 3개월이면 이직을 생각한다. 업무가 적성에 안 맞는다느니 내가 생각하던 직장생활이 아니라느니 이유는 다양하지만, 스물이 넘은 성인들이 그 정도의 판단력도 없다는 것은 부끄러운 일이다. 면접을 제대로 '보고' 왔다면 그 정도는 예측할 수 있다.

나의 경험에 비추어 보면, 면접 시간을 안내하며 화요일을 수요일이라 잘못 말한 직원은 입사 후 함께 일할 때에도 사소한 실수와 오타가 많았다. 바쁜 일정으로 면접에 늦었던 팀장은 모든 회의시간에 먼저 오는 일이 없었다. 회의실에 고장 난 시계가 걸려 있던 회사는 1년도 되지 않아 매각되었다.

당장 취직을 해야 하니 이런 거 저런 거 따질 겨를이 없다고 해도 마찬가지다. 예측하고 준비하자. 내가 무엇을 더 노력하고 주의해야 할지 생각하자. 모르고 부딪히는 어려움은 방황이지만, 알고 부딪히는 어려움은 도전이다.

---

* 미국에서 가장 강력한 여성 리더로 꼽힌다. 백악관 보좌관을 거쳐 여성 최초로 CNN 수석 부사장을 지냈다.

** 주로 회의실이다.

면접관에게 질문할 것을 준비하라

이때 필요한 것이 면접노트. 면접의 마지막은 항상 "이 회사에 대해서나 그 밖에 궁금한 것 있으면 질문하세요."이다. 보통은 "없습니다."로 빨리 그 상황을 마치려 한다. 궁금한 것이 생각이 나지도 않고, 설령 있다 하더라도 혹 밉보여 떨어지면 어쩌나 하는 우려 때문이다. 그러나 좋은 질문은 좋은 대답만큼 점수를 얻는 법이다.

면접관이 질문을 할 때에는 어떤 질문을 할지 예측할 수 없으므로 준비 안 된 대답을 할 수밖에 없지만, 내가 할 질문은 온전히 내가 준비할 수 있다. 그 회사나 내가 일하고 싶은 업무 분야에 대한 질문을 준비하자.

"일반적으로 제품생산 파트는 제품 설계와 양산, 검수 단계로 이루어집니다. 회사에 따라서 그 단계를 통합하여 한 부서가 하기도 하고 나누어서 하기도 하는데요, 이곳은 어떻습니까?"라는 식이면 훌륭하다.

질문 하나로 '나는 이 분야의 실무에 대해 적극적인 관심을 가지고 있습니다.', '내가 할 일에 대해 구체적으로 알고 싶습니다.'라는 의사를 전할 수 있는 것이다. 면접관은 준비된 사람을 눈여겨볼 것이다.

이러한 질문들은 면접 당일에 그 자리에서 만들어 낼 수 없다. 평소에 떠오르는 아이디어를 적어야 한다. 면접 당일에는 3~5개 정도의 질문을 적어 가자. 이미 여러 번 생각한 질문이겠지만, 면접관 앞에 앉으면 잊어버리기 마련이다. 메모지에 적으면 낱장의 종이쪽지를 펼치는 모습이 궁상맞아 보일 수 있으니, 주머니에 들어갈 만한 작은 수첩이 좋다. 질문을 적어 가서 보면서 질문을 해도 되는지 불안할 것이다. 이 문제에 대해서 대기업의 인사 담당자에게 물었더니

"플러스면 플러스지 나쁘게 볼 사람은 아무도 없어."라고 시원하게 대답했다. 수첩을 꺼내는 동안 편안한 미소를 짓고 겸손한 몸짓을 해 보이는 것으로

충분하다. 면접을 보러 갔다면 내가 궁금한 것도 묻자. 그 회사는 내가 다닐 회사이며 그 확신이 면접관에게도 그대로 전달된다.

면접 질문 메모 예. 면접 당일에는 3~5개 정도의 질문을 적어 가자. 모든 질문을 다 할 수는 없을 것이므로 면접 내용과 관련된 것을 고르면 된다.

실천해 본 사람만 공감하는 조언

01 면접 대상자가 되었다는 것은 서류상의 점수 차와 상관없이 다시 동등한 출발선에 섰다는 것을 의미한다. 당당하고 홀가분한 표정을 준비하자. 면접 때에는 이미 붙은 듯한 마인드가 필요하다.

02 면접 보는 날은 니도 그 회사의 면접을 보고 와야 한다. 면접관들의 태도며 회사의 분위기, 직원들의 표정, 사무실의 정리 상태 등. 내가 일할 만큼 괜찮은 회사인지 눈여겨 살피자.

03 좋은 질문은 질문자의 수준을 가늠케 한다. 면접 노트에 내가 질문할 거리를 정리하자. 내 질문에 답하는 면접관들의 반응을 보자. 준비된 사람이라는 인식을 심어 줄 수 있을 뿐 아니라 내가 면접관이 될 수 있는 기회이기도 하다.

해야 할 것 vs. 하고 싶은 것

설렘이 없는 일은 가치를 만들어 내지 못한다.
나를 키우지도 못한다. 몸만 고생이다.

진로를 고민하며 대학생들이 가장 자주 부딪히는 혼란은 '해야 할 것'과 '하고 싶은 것' 사이에 생긴다. 어릴 때부터 부모님께 늘 들어 왔던 것을 나도 모르게 하고 싶은 것이라 여기기도 하고, 해야 할 것을 하고 싶은 것으로 만들려고 애를 쓰는 경우도 있고, 해야 할 것과 하고 싶은 것이 극명하게 달라 고뇌에 빠지기도 한다. 어떻게 해야 할까. 현명함이 필요하다.

가장 시급한 것은 자신이 원하는 것이 무엇인지 파악하는 일이다. 진로 설계는 10년, 20년 동안 나를 끌고 나갈 힘이 필요한 일이다. 이 막중한 일에 나의 마음에서 일어난 자발성이 없다면 도중에 무너지고 만다. 어찌어찌 이어 간다고 해도 답답함과 갈등이 끊이지 않는다. 부모님의 권유, 사회 분위기, 친구들의 선택에 나의 진로를 맡길 것인가. 결국 같은 선택을 하더라도 그 동기는 순수하게 나의 자발성에서 돋아나야 한다. 사람은 자신이 하고 싶어 하는 일을 가장 잘할 수 있기 때문이다.

부모님의 꿈 vs. 하고 싶은 것

우리나라에서는 흔하디 흔한, 그래서 문제의 심각성이 진지하게 고려되지 않는 갈등유형이다. 결론부터 말하자면, 결국에는 본인이 하고 싶은 것을 하게 된다. 집을 나와 버리는 격한 방법을 쓰는 경우도 있고, 부모님 몰래 자신이 원하는 직장에 취업을 해 버리기도 한다. 부모님이 원하는 일을 선택한 사람이라도 마음속에는 미련이 남아 있어서 자녀에게 그 꿈을 전이하거나 취미 생활로 이어 간다.

그저 '하고 싶다.'는 마음은 이토록 강한 것이다. 부모님의 꿈과 나의 꿈이 다르다면 과감하게 나의 꿈을 따르자. 나 또한 부모님의 권유에 따라 법학과에 갔고, 부모님의 꿈을 이루기 위해 고시 공부도 했었다. 공부를 하고 시험을 치르며 느낀 점은 명료했다. 문제가 어려워서 떨어지는 시험이 아니었다. 그 공부와 그 꿈에 대한 애정이 없으니 다른 수험생에 비해 정신력이 떨어지는 것이다. 나와는 반대의 경우를 겪는 이들도 보았다. 아버지의 사업을 물려받으라는 권유가 싫어 스스로 공부해서 내 힘으로 성공하겠다며 고시 공부를 하는 친구도 보았다. 공부하는 힘이 어찌 같을 수 있을까. 하고자 하는 이들과 해야 하는 이들은 다른 엔진을 달고 달리는 자동차와 같다.

부모님의 은혜에 감사하는 것과 부모님의 꿈을 대신 이루는 것은 무관하다. 내가 원하는 길로 나아가자. '내 뜻대로 했다가 혹시 잘못되면 어떻게 해요. 그냥 부모님이 하라는 대로 하는 게 낫지 않을까요.'라는 걱정이 떠오르는가? 부모님이 하라는 대로 해도 잘못될 수도 있다는 점을 기억하자. 세상은 정신없는 속도로 변하고 있다. 부모님이 하라는 대로 했다가 잘못되면 나는 내 인생에게 뭐라고 말할 것인가. 부모님의 뜻에 내 진로를 길지 말자. 대학생이라면 내가 원하는 것을 담대히 선택하는 쿨한 태도가 필요하다. 선택해 놓고 잘되기를 바라는 열정으로, 태어나서 한 번도 해 본 적 없는 강도의 노력을 할 줄 알아야 한다. 자신에게 당당해지자. 내가 원하는 것은 무엇인가.

안정된 직장 vs. 하고 싶은 것

취업난에 대한 뉴스 보도가 일기예보하듯 매일 반복된다. 사회 분위기가 이렇다 보니 대학생들의 최대 관심사는 '취업'이다. 꿈이니 뭐니 하는 것들은 끼어들 틈이 없다. 학점을 잘 받는 것도 취업에 유리하기 때문이고, 자격증을 따는 것도 이력서에 한 줄 더 쓰기 위해서이며, 영어 공부를 하는 것도 취업에 필요한 점수를 따기 위해서이다. 심지어 얼굴이 예뻐야 하는 것도 취업하기 유리하기 때문이다. 이 정도면 취업은 진로 고민이 아니라 인생의 목적이 되었다고 해도 과언이 아니다.

그러나 이러한 취업 전쟁도 휴학과 복학, 언어연수, 군대, 방황 등의 세월을 거친 '오래된 4학년'들에게나 절실한 일이다. 다수의 대학생들은 직장인이 되어 버리는 일에 약간 저항감을 느낀다. 첫째는 조금 더 자유를 누리고 싶기 때문이고,* 둘째는 취업보다 다른 일이 더 하고 싶기 때문이다. 셋째는 하고 싶은 것이 명확하지는 않지만 그저 취업에 매력을 느끼지 못하기 때문이다. 회사원으로 20년을 살고 정리해고당한 아버지들이 늘어나면서 세 번째 부류의 젊은이들이 많아지고 있다.

조금 더 자유를 누리고 싶다면 아르바이트나 인턴십, 봉사활동, 독서, 여행 등의 일정을 계획해서 자유를 누려 보자. 내 경험에 따르면 여행보다는 아르바이트가, 아르바이트보다는 인턴으로 직장이라는 곳에 들어가 보는 것이 진로 결정에 도움이 되었다. 무엇을 하든 책은 항상 몸에 지녀야 한다. 책만큼 내면을 성장케 하는 것은 없다.

취업보다 다른 일 하고 싶다면 매우 기특한 일이다. 대기업 마크가 찍힌

---
* 사회에 나가는 것, 사람 대하는 것이 무서워 학생 신분을 연장하는 것도 여기에 속한다.

명함을 내미는 선배가 그저 그래 보이는가. 그럼 내가 하고 싶은 일을 하자. 대학생 사장님이 되어도 좋고** 프리랜서가 되어도 좋다. 당장 돈이 벌리지 않더라도 내가 원하는 분야에서 사회생활을 시작하면 된다. 이 경우에 해당하는 학생들도 사회생활의 경력을 만들기 위해 취업을 하기도 한다. 예컨대, 경영컨설턴트가 꿈인 학생이 기업의 조직문화를 알기 위해, 또 컨설팅을 경험하기 위해 기업 컨설팅을 하는 회사에 취업을 하는 것이다. 그렇다면 3년 정도가 적당하다. 3년이면 누구나 직장에서 권태로움을 느끼는 때이며 어느 회사든 이직률이 가장 높은 시기이기도 하다.

하고 싶은 것이 명확하지는 않지만 취업에 매력을 느끼지 못하는 학생들 중에는 실습이나 인턴십을 하면서 직장생활이 자신에게 맞지 않는다는 것을 체득한 학생이 많다. 여유를 가지고 생각하자. 전공을 살리고 싶은 학생들은 세부전공을 택해 대학원에 진학하는 것도 좋다. 전공을 계속 유지해야 할지 고민이 되는 학생이라면 평소 관심이 있었던 분야의 자격증 공부를 해 보자. 지금의 전공이 싫다는 이유로 그 밖의 다른 것이 모두 좋아 보였던 것은 아닐까. 몸소 겪어 볼 일이다. 초조해하지 않아도 된다. 내가 원하는 것이 어떤 것인지 차분히 나를 들여다보자.

해야 할 것 vs. 하고 싶은 것

대학생들에게 '해야 할 것'이란 영어 공부, 자격증, 시험공부 등이다. 인생을 행복하게 만드는 데에 그다지 도움이 될 것 같지 않은 항목들이다. 따지고 보면 내가 스트레스를 받고 있는 '해야 할 것'들은 일시적으로 해야 할 것이거나

** 이 경우에는 무자본의 상태에서 아이디어와 무형 콘텐츠로 수익을 내는 1인 기업의 형태를 추천한다.

하면 좋을 것들일 뿐이다. 자격증을 딴다고 해서 취업이 보장되는 것도 아니며 학점을 못 받았다고 해서 굶어 죽는 것도 아니다.

명쾌하게 선을 그어 보자면 먹고사는 일에 조금이라도 기여하는 것들은 해야 할 것으로 여겨진다. 그러나 그 또한 내가 정한 것이 아니다. 남들이 다 그렇게 하고 있으니 어느 순간 해야 할 것으로 여겨진 것뿐이다.

내가 원하는 삶은 내가 만들어야 한다. 이것은 분명하다. 그러려면 생각을 바꾸자. 내가 해야 할 것은 내가 하고 싶은 일을 하기 위해 나에게 부과하는 과제이다. 남들이 해야 할 것과 내가 해야 할 것이 다른 것은 당연하다. 각자 원하는 바가 다르기 때문이다. 남들이 하고 있는 일과 내가 하는 일이 다르다는 것에 기죽지 말자. 누군가는 나의 행동을 보며 '저렇게 해야 하는 거 아니야?'라는 불안감을 하나 더하고 있을 것이다.

실천해 본 사람만 공감하는 조언

01 대학생이라면 내가 원하는 것을 담대히 선택하는 쿨함이 필요하다. 선택해 놓고 잘되기를 바라는 열정으로, 태어나서 한 번도 해 본 적 없는 강도의 노력을 할 줄 알아야 한다.

02 취업 대신 내가 하고 싶은 일이 있다면 그 분야에서 사회생활을 시작하자. 당장 돈이 벌리지 않아도 좋다. 그 '바닥'에 있는 것만으로도 많은 것을 얻을 수 있을 것이다.

03 부모님이나 선생님이 원하는 것을 택해야 칭찬을 받을 수 있었던 우리의 성장과정은 우리의 진로선택도 자신 없게 만든다. 여유를 갖고 생각하자. 부모님이 좋아하시는 안정된 직장만이 나의 길인 것은 아니다.

내 인생 첫 번째 이력서

"어떻게 써야 뽑힐까?"에 대한 답은 간단하다.
내가 사장이라면 어떤 이력서를 눈여겨볼 것인가.
모든 내용은 진정성이 느껴져야 하며,
사진, 글씨체, 맞춤법까지 깔끔해야 한다.

    대학생들이 이력서를 처음 쓰게 되는 것은 대부분이 아르바이트를 구하기 위해서이다. 스무 살이 넘도록 학교 다닌 것밖에 한 것이 없으니 이력서에도 고등학교 졸업, 대학 재학 이상 쓸 것도 없다. 단정하게 나온 사진을 준비하고 주소, 생년월일 등을 정확히 기재하는 것으로 족하다. 대학생 아르바이트를 뽑는 고용주들도 큰 경력을 기대하지 않는다. 다만 나이와 성별, 주소는 눈여겨볼 수도 있다. 일을 하는 데에 조금 더 적절한 사람을 뽑기 위해서이다. 이미 남자 알바생이 많다면 여학생을 선호할 수도 있고, 일의 성격상 남학생을 뽑아야 할 때도 있다. 고용주들은 대부분 나이 어린 학생들을 기피한다. 늦잠이나 연락 두절 등, '그저 경험 삼아' 해 보려는 학생들의 불성실이 싫기 때문이다. 일터와 집이 가깝다면 서로에게 좋은 일이다. 고용주들이 주소를 보는 것도 그 때문이다. 몇몇 개념 없는 대학생들이 이력서에 디카나 폰카로 찍은 사진을 올리는 경우가 있다. 사진 찍는 일이 흔해진 것은 사실이나, 이력서에는 사진관에서 찍은 사진을 붙이는 것이 좋다*. 아무리 아르바이트라 해도 성의 없이 제출한 이력서라는 인상을 줄 필요는 없지 않은가.

---

* 예외의 경우도 있다. 일의 특성에 따라 지원자의 개성과 외모를 살펴야 할 경우에는 '자유롭게 찍은 사진을 첨부하라.'는 지시사항이 덧붙여지기도 한다.

이력서 양식 1

이 력 서				
성 명		인	주민등록번호	
생년월일	서기 년 월 일생 (만 세)			
주 소				
전화번호				
호적관계	호주와의 관계		호주성명	

년	월	일	학력 및 경력사항	발령청

위에 기재한 사항이 틀림없습니다.

20 년 월 일   위 본인   (인)

가장 기본적인 이력서 양식이다. 아르바이트를 구할 때에는 이와 같은 간단한 이력서를 작성하면 충분하다.

이력서 양식 2

입사지원서

구분	지원분야	희망연봉
내용		

사진 (3 × 4 cm)	성명	(한문)			
	주민번호		생년월일	년 월 일(음력/양력)	
	주소				
	전화번호		E-mail		
	핸드폰		결혼여부	미혼/기혼	
	가족사항		주거사항	동거/비동거	

학력	입학년월	졸업년월	학교명	전공	졸업구분	소재지
					졸업/재학	
					졸업/재학/휴학	
					졸업/재학/휴학	

경력	근무기간	직장명	직위	담당업무	비고

신체	신장	체중	시력	혈액형	병역	구분	병과	계급	소속부대
	cm	kg	좌: 우:			필/면제			
						복무기간			

가족사항	관계	성명	연령	근무처	직위	동거	외국어	언어	능력
								영어	상중하
								공인시험	점수

OA 능력	워드(한글/MS워드)	상중하	자격사항	취득일자	종류	등급
	프리젠테이션(파워포인트)	상중하				
	스프레스시트(엑셀)	상중하				
	인터넷 등등	상중하				

사원모집에 응시코자 하니 전형하여 주시기 바랍니다.

취직을 위한 이력서는 지원하는 회사에서 제공하는 양식에 따라야 한다. 대부분 경력과 자격증, 가족사항 등을 구체적으로 적도록 요구한다.

경력 기술은 전략적으로

아르바이트 경험이 쌓이고 인턴 활동 등으로 경력 기술이 가능해지면 비로소 이력서다운 이력서를 쓸 수 있게 된다. 안 그래도 몇 개 되지 않는 경력사항을 빠짐없이 모두 다 쓰고 싶겠지만, 지원하는 분야와 무관하거나 나의 약점이 드러날 수 있는 경력사항은 빼는 것도 전략이다.

한두 달 하고 그만둔 아르바이트가 여러 개 적힌 이력서는 '이 사람은 길게 일하지 못하겠군.'이라는 인상을 줄 뿐이다. 작성하는 사람의 입장에서는 여러 업체에서 일한 경험을 드러내고 싶겠지만, 고용주가 보기에는 불안한 사람일 뿐이다. 업무상 특징이 두드러지거나 업계의 영향력이 큰 회사에서 근무한 경험을 중심으로 몇 가지를 추려서 적는 것이 유리하다.

꼭 일을 했던 경력이 아니더라도 지원 분야에 관련된 사항이라면 공모전 참여나 봉사활동, 동호회 활동 등도 훌륭한 적을 거리이다. 첫 아르바이트와 마찬가지로 회사는 신입사원에게 대단한 경력을 기대하지 않는다. 지원 분야에 대한 관심과 열정을 기특하게 여길 뿐이다. 6개월 동안의 인턴 경험을 쓴 지원자와 6개월의 봉사활동, 2년 동안의 동호회 활동을 적은 지원자 중 어느 쪽의 열정이 더 크게 느껴지는가. 공모전 수상 등으로 자신만의 성과가 있다면 이미 실력을 입증받은 것이니 심사관이 매력을 느끼기에 충분하다.

고용주의 입장이 되어 보자

나의 첫 회사는 대학 4학년 때 계약직으로 일하던 회사였다. 대학 졸업과 동시에 정규직 사원으로 전환이 되었다*. 정식으로 입사 인사를 하기 위해

---

* 모든 사람이 자동으로 정규직이 되는 것은 아니다. 나는 계약직으로 일하던 중 급여 외 보너스를 받을 만큼 성과가 좋았다. 계약직 사원에게 보너스를 주는 것은 드문 일이다.

이사님 방으로 갔었다. 대충 "축하합니다. 지금까지 해 왔던 것처럼 열심히 일 하세요." 정도의 뻔한 말이 오갈 것으로 예상했었다. 그런데 이사님의 입에서 나온 말은 조금 도전적이었다.

"법학을 전공했네? 그럼 권리와 의무에 대해 잘 알겠구먼. 회사에 무언가 바라는 것이 있다면 그럴 만한 의무 이행을 해야 하는 거예요. 그것만 지키면 회사생활 잘할 수 있어요."였다.

당황스러울 만큼 이해가 되지 않았다. 기분이 나쁘기도 했다. 내가 뭘 어떻게 해 달라고 한 것도 아닌데 다짜고짜 의무가 어쩌네 권리가 어쩌네 하는 꼴이 짜증 났기 때문이다. 그러나 철저한 이해관계로 유지되는 기업의 생존을 생각해 보면 충분히 이해할 수 있는 말이다. 모든 고용주들은 이사님의 말씀에 박수를 치며 공감할 것이다. 나에게 취업이란 기쁜 일이고 축하받을 일이었지만, 고용주에게 취업이란 매월 고정비용이 지출되는 일이다. 아무것도 모르는 신입사원이라 해도 고용주는 그 어린 사원이 무언가 회사에 기여해 주기를 바란다. 그럴 만한 월급을 받기 때문이다.

고용주라면 내가 어떤 경력을 갖추기 원할까. 내가 대학생활 중에 어떤 경험을 하고 오기를 바랄까. 그렇게 생각하면 취업 준비가 명확해진다. 같은 맥락에서, 지원자는 연봉을 얼마로 쓸까 고민을 하지만 심사관은 지원 분야에 이 사람이 적당할까를 고민한다. 경력직이라 해도 연봉은 회사나나 정해신 기준에 따르는 것이 보통이다. 하물며 신입사원에게 희망연봉이란 형식적인 기록에 지나지 않는다. 지원 분야를 정확히 쓰자. 그리고 모든 경력기술과 자기소개서의 내용은 이 업무에 내가 적합한 사람이라는 것을 다각적으로 드러내 주어야 한다. 취업박람회나 학교에서 지원하는 회사의 취업설명회를 들을 수 있다면, 지원 분야의 업무가 어떻게 이루어지는지를 문의하자. 그 회사에서 만드는 상품과 내가 담당하게 될 업무가 어떻게 연결되는지 떠올려 보는 것이야말로 가장 정확한 면접 준비이다.

실수 없이 작성하자

고용주들은 이력서에 적힌 정보만을 보지 않는다. 비록 종이 한 장이지만 그것을 작성하는 사람을 판단하기 위한 단서는 여기저기에서 묻어나기 마련이다. '어떻게 써야 뽑힐까?'에 대한 답은 간단하다. 내가 사장이라면 어떤 이력서를 눈여겨볼 것인가. 모든 내용은 진정성이 느껴져야 하며 사진, 글씨체, 맞춤법까지 깔끔해야 한다.

취업 준비를 해 본 사람이면 알 것이다. 이력서 한 번 쓰는 것이 얼마나 힘든 일인지. 언제 졸업하고 입학했는지 날짜를 알기 위해 어디 있는지 모르는 고등학교 졸업장을 뒤지는가 하면, 가족의 생년월일을 알기 위해 의료보험증을 뒤지는 일이 벌어진다. 그러다 보니 한번 쓴 이력서, 자기소개서가 조금씩 수정을 거치며 이곳저곳 지원할 때마다 제출된다. 안타깝게도, 서류 심사관들은 'OOO에서 열정을 다하고 싶습니다.'라는 문장에서 다른 회사 이름을 발견하기도 한다. 지원 날짜에 두 달 전의 날짜가 적혀 있는가 하면, 지원 부서 난에 그 회사에 있지도 않은 부서 이름이 적혀 있을 때도 있다. 이력서를 검토하지 않고 제출하는 것은 치명적이다. 리포트에 담당 교수의 이름을 잘못 써서 낸 것과는 차원이 다른 일이다*.

내가 심사관이라면 어떤 부분을 눈여겨볼 것인가. 어떤 점에서 실망할 것 같은가. 내가 작성한 이력서를 반드시 출력하여 검토해 보자. 빼야 할 것, 더

---

* 습관이란 무섭도록 정확하다. 컴퓨터로 다다닥 작성해서 그대로 온라인 제출을 해 버리는 데 익숙해졌다면 반성하자. 심사관은 출력물을 본다. 그러니 나도 출력해서 검토해야 한다.

해야 할 것을 심사관의 시각으로 살피자. 줄 하나, 단어 하나에서도 완벽함이 느껴져야 한다.

실천해 본 사람만 공감하는 조언

01 이전에 써 놓았던 이력서를 수정하여 다른 곳에 제출할 때에는 회사 이름과 지원 부서, 날짜 등을 꼼꼼하게 검토하자. 생각보다 많은 이력서에서 성의 부족의 실수가 발견된다.

02 나에게 취업이란 축하받을 일이지만, 고용주에게 취업이란 매월 고정비용이 지출되는 일이다. 고용주라면 내가 어떤 경력을 갖추기 원할까. 내가 대학생활 중에 어떤 경험을 하고 오기를 바랄까. 그렇게 생각하면 취업 준비가 명확해진다.

03 한두 달 하고 그만둔 아르바이트가 여러 개 적힌 이력서는 '이 사람은 길게 일하지 못하겠군.'이라는 인상을 줄 뿐이다. 업무상 특징이 두드러지거나 업계의 영향력이 큰 회사에서 근무한 경험을 중심으로 몇 가지를 추려서 적는 것이 유리하다.

자기소개서,
스펙으로 보여 줄 수 없는 나의 가능성

입사지원서의 첫 장이 빽빽한 객관적 정보의 기록이라면
뒷면의 자기소개서는 자신이 쓰는 이야기이다.
심사관이 지원자에 대한 느낌을 가질 수 있는 장이기도 하다.

산처럼 쌓인 이력서를 검토할 때에 가장 먼저 거치는 단계는 '그냥 한번 넣어 본' 이력서를 걸러 내는 일이다. 희한하게도, 성의 없이 지원한 사람은 첨부파일로 받은 문서에서도 그것이 드러난다. 이 작업은 인사담당 부서의 가장 막둥이들이 한다. 누구를 붙이고 떨어뜨릴 권한이 없는 사람들이다. 그러니 그 회사에 꼭 입사하고 싶어서 정성껏 작성한 이력서라면 안전하게 통과된다. 그 다음 단계는 지원 분야별로 분류를 하는 작업. 분류된 지원서는 각 부서로 전달되어 담당 부서에서 실무에 적합한 사람들을 선별한다. 이때 중요한 것은 무엇일까. 학점? 영어 점수? 자격증 개수? 서류제출 전에 지원 자격에서 어느 정도의 기준을 제시했을 테고, 그 점수를 충족했다면 그 다음부터는 큰 차이가 없다. 회사는 학교가 아니어서 영어 점수 높은 순서대로 사람을 뽑지 않는다. 회사에서 얼마나 일을 잘할 것인가를 기준으로 뽑는다. 그러니 입사지원서에는 내가 그 회사에서 주어진 분야의 업무를 얼마나 잘 해낼 것인지가 느껴져야 한다. 그 사람에 대한 느낌. 이것이 담기는 곳이 자기소개서이다.

성장 과정

인터넷에 떠도는 자기소개서 샘플들은 "2남 1녀의 막내로 부모님의 사랑을 받으며 어린 시절을 보냈습니다."로 성장 과정이 시작된다. 가족관계는 앞에서 다 적었을 테고 어느 집 부모님이나 사랑이 가득한 것은 당연한 이야기니, 이렇게 식상하기 그지없는 문장은 제발 좀 그만 쓰길 바란다. 성장 과정은 '나'라는 사람이 지금의 모습으로 형성된 근원에 대한 이야기다. 대학에 와서 새로 사귀게 된 친구들과 술자리에 앉았다고 생각해 보자. 서로 편해질수록 고등학교 때 이야기, 어렸을 때 온 가족을 황당케 했던 이야기, 심지어 태몽에 이르기까지 개인적인 이야기들을 나누게 마련이다. 친구의 옛이야기를 들으면 그 친구의 인간적인 면모를 알 수 있다. 자기소개서에 성장 과정을 쓰라는 것도 그 때문이다.

시간의 흐름에 따라 줄줄이 쓰지 않아도 된다. 나의 특징을 잘 드러낼 만한 예화를 하나 소개해도 좋다.

'늘 바쁘신 부모님 때문에 동생들 저녁밥 챙겨 주는 것이 저의 책임이었습니다. 어느 날은 계란 프라이를 하다가 달궈진 프라이팬이 떨어져 화상을 입었습니다. 동생들 밥을 줘야 한다는 생각에 계란 프라이를 해서 밥을 먹고 밤늦게 들어오신 부모님과 응급실에 갔던 기억이 납니다. 지금도 그 흉터가 남아 있는데, 저에게는 책임감이라는 훈장입니다.'라는 내용이면 어떨까.

아이를 키워 본 심사관들은 그 아이의 성장 과정이 얼마나 기특할지 충분히 짐작할 수 있다. 면접을 볼 때에 그 흉터를 보여 줄 수 있다면 더욱 좋을 것이다.

내가 회사 임원이라고 생각해 보자. 한 번도 본 적 없는 젊은이가 매달 월급을 좀 달라고 지원서를 냈다. 지원자가 어떤 사람인지 궁금증이 클 수밖에 없다. 성장 과정 기록에는 그런 궁금증에 대한 답이 담겨야 한다.

자기소개서

성장배경 학창시절	
성격의 장단점	
경력사항	
입사 후 포부	

가장 일반적인 자기소개서의 양식이다. 회사마다 요구하는 내용이 다름은 물론이다.

성격의 장단점

이 항목을 쓰기 위해서는 우선 나의 성격이 어떤지 알아야 한다. 사춘기 이후 자신의 성격을 자각하게 되면서 사람들은 성격의 단점을 크게 기억한다. '나의 성격' 하면 보통 그로 인한 열등감, 억울함에 관한 경험이 떠오르기 때문이다. 그러나 자기소개서에서는 내 성격의 특징이 어떠한 장점을 가지는지가 잘 드러나야 한다. 나의 성격이 업무와 인간관계, 시행착오 등 여러 상황에서 어떻게 유리한지를 기록하자.

회사는 혼자 일하는 곳이 아니므로 함께 일할 사람의 성격에 대한 고려를 안 할 수 없다. 어떤 회사에서는 성격유형 검사를 심사 과정에 포함시키기도 하며, 어떤 유형의 성격이 높은 성과를 내는지 분석한 자료를 갖고 있기도 하다. 업무의 특성상 선천적 성격의 요소가 유리하거나 불리하게 작용할 수 있으므로 입사 지원자의 성격은 중요하다.

재학 중에 심리/성격 검사를 한 적이 있다면 그 결과를 써도 좋다. 장점에 대한 서술은 주위 사람들이 나의 성격에 대해 한 칭찬의 내용을 적는 것이 수월하며, 초중고 시절의 학생기록부를 가지고 있다면 담임선생님이 적어 주신 말씀을 빌려 와도 좋다*. 조심스러운 것은 단점이다. 단점을 기술할 때에는 '나도 이런 내 성격이 싫어 죽겠다.'는 뉘앙스가 풍기지 않도록 조심하자. 어떤 성격이든 단점은 있기 마련이므로, 그 단점을 보완하기 위해 내가 어떤 노력을 하고 있는지가 중요하다.

"조용한 성격이라 말 많고 산만한 사람들을 보면 이해를 할 수가 없었는데, 사회에 나와 보니 그런 사람들의 외향적 에너지가 정말 많은 일을 이룬다는

---

* 많은 학생들을 만나고, 그 학생들이 한 학년씩 커가는 모습을 지켜보신 선생님들의 눈은 정확하다.

것을 알게 되었습니다. 지금은 그런 친구들을 보며 사람을 대하는 적극성을 배웁니다. 아무래도 사람을 만나서 생각을 넓히는 것은 그 친구들을 따라갈 수 없을 테니, 제가 즐기는 독서를 통해서 사람들의 인생을 배웁니다. 제 성격을 잘 알고 있기 때문에 그때그때 어떻게 노력해야 할지 방법을 찾을 수 있습니다.' 정도로 마무리한다면 훌륭하다.

경력 기술

자기소개서에는 언제 무슨 일을 했는지 앞 장에서 기술한 내용을 반복하지 않는 것이 좋다. 인턴 활동에 대한 경력 기술을 했다면 자기소개서에서는 인턴활동을 하면서 느꼈던 점이나 업무에 적용할 만한 아이디어를 적어 자신의 역량을 보여 주어야 한다. 내가 지원한 분야의 일과 관계되는 것이 많다면 구체적으로 어떤 업무를 했었는지를 적어서 심사위원의 궁금증을 풀어 주고 나의 장점을 드러내어야 한다.

자기소개서는 경력 기술 난에 쓰지 못했던 주관적 정보를 기록하는 곳이기도 하다. 공식적인 경력이 아니더라도 심사관에게 알리고 싶은 봉사활동이나 아르바이트 경험이 있다면 언급해도 좋다.

면접관들은 경력 기술에 대해 구체적으로 묻는다. 관심이 있기 때문이다. 대학생들은 부족한 경력을 조금이라도 더 쓰고 싶어 허위 사실을 적기도 하는데, 그 어떤 항목보다 진실성이 요구되는 항목이다. 자신의 활동을 구체적으로 드러내되 허풍은 절대 금지다.

입사 후 포부

이 항목에서는 누구나 '열심히 하겠습니다!'를 적을 수밖에 없다. 그렇더라도 어떻게 열심히 할 것인지 구체적으로 쓰자. 다시 한 번 강조하지만, 심사관들은 생각 있는 사람을 원한다. 나의 인생 계획 중 이 회사에서의 생활이 어느 단계에 해당하는지, 어떤 역할을 하고 어떤 일을 배우고 싶은지 쓴다면 매우 훌륭한다.

언젠가 신입사원을 뽑는 인사 담당자의 이야기를 들은 적이 있다. 면접을 보러 두 명이 들어왔는데, 한 명은 자격증이며 영어 점수, 학점 등 서류에 담을 수 있는 것이 모두 완벽했다고 한다. 심지어 교수님 추천서까지 첨부해 왔더란다. 다른 한 명은 학점도 지원자격에서 제시한 숫자를 겨우 넘긴 정도였고, 자격증은 지원 업무와 상관없는 것이 하나, 영어 점수도 그저 그랬었다. 서류만 본다면 당연히 앞사람을 뽑아야 하겠지만 결과는 반대였다고 한다.

"면접 때 몇 마디를 나누어 보니까 알겠더라고요. 앞사람은 뭐 시키는 일은 뭐든 하겠다, 합격하면 회사 근처에 방을 얻을 생각이다 하며, 아주 열정이 대단했어요. 그런데 다음 사람은 차분하더라고요. 서른 후반쯤 되면 아버지가 하시는 사업을 물려받을 생각이라고 하더라고요. 그 전까지는 큰 회사에서 일을 배우고 경영이 무엇인지 느끼고 싶대요. 면접 자리에서 하기에 쉽지 않은 이야기잖아요? 그래도 생각이 단단해 보여서 좋았어요. 그런 사람이 진지하게 일하지요."

어떤가. 무엇보다 내 생각에 충실한 것이 무엇에든 유리한 법이다. 그저 잘 보이려고만 쓰는 입사 후 포부는 매력적이지 않다. 나의 비전을 제시하고 내가 어떻게 노력할지를 보이자. 나의 포부를 읽은 사람이라면 나를 탐내야 한다.

기타

자기소개서는 회사마다 요구하는 내용이 다르다. 가장 일반적인 항목은 성장과정, 성격의 장단점, 입사 후 포부 등이지만, '대학 재학 중 위기를 넘겼던 경험이 있다면 기술하시오.' '자신이 가장 자랑스러웠던 경험에 대해 기술하시오.' '자신이 읽었던 책 중 가장 많은 영향을 받은 책을 선택하고 그 이유를 기술하시오.' '우리 회사가 지원자를 선택해야 하는 이유를 기술하시오' 등, 어디서 복사해 올 수 없는 것들을 묻기도 한다. 평소에 자신과 진로에 대한 진지한 생각이 없었다면 차별화된 내용을 쓰기 어려운 질문들이다. 작성하고 고치는 작업에 며칠이 걸리기도 하고, 작성하던 중에 다른 일이 생겨 마감 기한을 넘기기도 한다.

입사지원서, 그중에서도 특히 자기소개서에는 자신의 지원 동기와 열정을 논리적으로 녹여내는 정성이 필요하다. 정답 없는 질문에 자신만의 답을 써서 기간 내에 제출하는 것만으로도 쉽지 않은 일이다. 좋은 문장으로 고치고 검토하는 과정을 거친다면 틀림없이 서류더미의 상단에 놓일 것이다.

자기소개서는 작성요령만으로 쓸 수 있는 녀석이 아니다. 오죽하면 회사에서 깊이 있는 생각을 좀 하고 오라고 만만치 않은 질문 항목을 만들어 놓았겠는가. 나를 설득하지 못하면 면접관을 통과할 수 없다. 내가 어떤 사람인지, 내가 왜 그 일에 관심을 갖게 되었는지, 그래서 어떻게 해 보고 싶은지, 나로 인해 함께 일하는 사람들이 어떤 이로움이 있을지. 입사를 원한다면, 사회의 일원으로 영향력 있는 삶을 살고 싶다면 스스로 생각해 보자*. 단지 취업만을 목표로 작성한 사람과 '급'이 다른 자기소개서가 완성될 것이다.

---

* 인생의 선배들이 왜 책을 권하고 봉사, 여행을 권하는지 알겠는가. 이러한 생각들은 타인의 삶을 보아야 떠오르는 법이다.

실천해 본 사람만 공감하는 조언

01 자기소개서는 작성요령만으로 쓸 수 있는 녀석이 아니다. 나에 대해, 인생에 대해, 진로에 대해 깊은 성찰을 하자.

02 세부적인 내용을 줄줄 나열하는 것은 의미가 없다. 나의 특징을 잘 드러낼 만한 예화나 친구들이 나에게 하는 이야기, 인상 깊게 남아 있는 책의 한 구절 등을 기록하면 내가 어떤 사람인지 자연스럽게 드러낼 수 있다.

03 자기소개서는 회사마다 요구하는 내용이 다르다. 질문 항목에 대해 진지하게 생각해 본 후 진정성을 가지고 작성하자. 'Ctrl+c'와 'Ctrl+v'로 작성된 자기소개서는 탈락 1순위다.

나의 면접 이야기

이 사람은 나에게 정확한 답을 원하는 것이 아니다.
중요하고 긴장되는 자리에서 곤란한 질문까지 받는 압박을
어떻게 견디는지를 테스트하고 있는 것이다.

나의 첫 번째 면접은 대학 입학을 위한 면접이었다. 그 후에는 아르바이트를 위해 몇 번의 면접을 보았고, 취업을 위해 몇 번의 면접을 또 보았다. 날 좀 뽑아 달라는 착한 눈빛으로 누군가를 바라보아야 한다는 것은 얼마나 뻘쭘한 일인가. 그중 기억에 남는 면접 두 가지만 나누고자 한다. 그 두 가지는 나의 첫 번째 면접과 마지막 면접에 관한 이야기이며, 입학을 위한 면접과 취업을 위한 면접이 어떻게 다른지 알게 해 주는 좋은 예시이기도 하다. 또한 면접 때에 어떤 태도와 순발력이 필요한지를 엿볼 수 있는 이야기들이다.

Story 1

입시의 마지막 관문인 면접을 보러 가는 날, 나의 면접 번호는 1번이었다. 원서 접수는 열한 번째였지만, 내 앞의 열 명이 선발 과정에서 모두 떨어지면서 내가 1번이 된 것이다. 면접대기실에서 기다리는 것이 싫어 일부러 시간을 꼭 맞추어 갔었다. 도착하자마자 출석 체크가 이루어지고 5분도 되지 않아 두 명의 교수님과 마주앉았다. 전공에 관한 질문, 왜 이 학교에 왔느냐는 질문, 인생관에 대한 질문. 예상했던 질문들이 이어지고 미리 생각해 보았던 질문들로 답했다. 교수님

들은 자주 웃으시며 쉬운 단어들을 써서 질문하려고 애쓰셨다. 마지막 질문은
"우리나라 국민이 가진 힘은 무엇이라고 생각하나요. 우리나라가 발전하려면 어떻게 해야 할 것 같나요."였다.

일반적이고 포괄적인 답은 매력이 없을 터였다. 어떻게 대답해야 할까. 그 순간, 엊그제 보았던 TV 프로그램이 떠올랐다. 심심해서 멍하니 보던 거였다. 나는 거침없이 대답했다.

"우리나라 국민이 가진 힘은 '빨리빨리'입니다."

"왜지요?"

"사람들은 우리나라의 '빨리빨리' 문화를 나쁘게만 생각합니다만 그렇지 않습니다. 얼마 전 TV를 보니 동대문 패션타운에 대한 이야기가 나왔는데요. 파리에서 패션쇼가 열리면 그 중계방송을 보고 동대문에서는 30분 만에 똑같은 옷을 만들어 냈습니다. 디자인이며 옷감 고르기, 재단, 박음질, 다림질까지 다 하는데 초시계로 재서 30분이 걸렸습니다. 그 모습을 보고 외국의 바이어들이 상당히 큰 금액의 계약서를 그 자리에서 작성하던데요. 우리 국민의 '빨리빨리' 정서가 아니었다면 불가능한 성과라고 생각합니다. '빨리빨리'는 우리 국민의 경쟁력입니다."

이후 질문은 없었다. 수고하시라는 인사를 남기고 방을 나왔다. 결과는 합격.

Story 2

취업의 마지막 관문인 면접을 보러 가는 날, 이전에 실무자 면접을 한 번 보았고 최종 임원 면접이 있는 날이었다. 회사의 대표는 물론 이사진과 핵심간부들이 나를 둘러쌌다. 8명의 면접관 앞에 혼자 앉았다. 가장 가운데 혼자만 물컵을 놓고 앉은 사람이 대표인 듯했다. 좌우로 바로 옆이 두 번째 권력자들일 것이고 끝으로 갈수록 월급쟁이 이사들일 가능성이 크다. 중간쯤에서 질문이 나올 때에는 특히 여유 있게 웃으며 대답에 주의를 기울였다. 면접이 시작되면서 나는

이 회사가 그다지 건강한 회사는 아니라고 생각했다. 면접관 중 그 누구도 웃지 않았다. 특히 대표의 표정에는 썩소가 가득했다. 내가 무슨 답을 하든 그 누구도 끄덕이지 않았다*. 경력 사항을 보면서는

"이건 뭐 하는 일인가요? 우리 회사에서 하는 일과 무슨 관계가 있나요?"

와 같이 까칠한 질문이 이어졌다. 끝에서 두 번째 앉은 뚱뚱한 면접관. 앉은 위치로 보아 큰 힘은 없어 보였다. 눈을 위로 치켜뜨고 어려운 낱말들을 내뱉었다. 전공 수업에서 그 정도는 배웠을 거라 생각하고 질문한다는 전제를 깔았다. 무슨 말인지 도무지 이해할 수도 없었고 당연히 답도 할 수 없었다. 그래도 아는 범위 내에서 답을 했다. 그 면접관은

"그걸로 설명이 충분한가요?"

라고 되물으며 또다시 어려운 말들을 이어 나갔다. 모든 임원들이 보는 앞에서 구경거리가 될 판이다. 면접관들의 얼굴을 훑어보았다. 그런데 이상하게도 이 사람들은 내 답에 관심이 없는 듯 시계를 보거나 면접 서류들을 훑어보는 것이다. 저 어려운 말들을 면접관들이라고 알겠는가. 내가 아무 생각 없듯 이 사람들도 막막하긴 마찬가지일 것이다. 이렇게 생각하니 오히려 마음이 편안해졌다. 이 사람은 나에게 정확한 답을 원하는 것이 아니다. 중요하고 긴장되는 자리에서 곤란한 질문까지 받는 압박을 어떻게 견디는지를 테스트 하고 있는 것이다. 무언가 어려운 질문을 계속하는 면접관의 얼굴을 웃으며 바라보았다. 질문을 위한 질문이 필요 이상으로 길었다. 질문을 위해 꼭 필요한 부연설명이었을 테지만, 나는 무슨 말인지 알 수 없었다. 그래도 상관 않고 미소를 지었다. 긴긴 질문이 모두 끝나자 나는 간단히 답했다.

---

* 새로 들일 사람에 대한 기대감이 전혀 느껴지지 않았다. 면접자의 반응을 보기 위해 일부러 딱딱한 분위기를 만들었을 테지만, 그 또한 실망스러운 일이다. 너그러운 눈빛으로도 비판할 점을 골라낼 수 있지 않은가. 기업의 면접관들은 이 문제를 신중히 생각해 주기 바란다.

"잘 모르겠습니다. 입사하면 알려 주십시오."

간단히 답하자 세 번째 권력자쯤 되어 보이는 사람이 고개를 끄덕였다. 정작 어려운 질문을 하던 사람의 대답은 "네, 알겠습니다."였다. 모르겠다고 대답했는데 끄덕이는 사람은 또 뭔가. 면접관들도 아마추어다. 결국, 그 막내 임원은 면접자들이 당황할 수 있도록 곤란한 질문을 하는 악역을 맡은 셈이다. "네, 알겠습니다."로 마무리하다니, '이제 내 할 일은 다 했다.'는 속마음을 들켜 버린 것이다. 일부러 어려운 말들을 쓰느라 본인도 힘들었을 것이다. 임원 면접을 마친 나의 소감은 임원들이 존경스럽지 않다는 것이었다. 어쨌든 합격이었다.

학교는 학생의 미래와 가능성을 보고 뽑는다. 면접관인 교수님은 이 학생이 어떤 생각을 가지고 어떻게 공부하고 어떤 분야에 소질을 보일지 궁금해할 수밖에 없다. 그러나 취업 면접은 다르다. 회사는 개인의 가능성에 관심이 없다. 이 사람이 우리 회사에 어떠한 이득을 가져다줄 수 있을지에 관심이 크다. 실력이 뛰어나더라도 그 회사에 적합한 업무가 없으면 불합격이다. 회사에서 일어나는 크고 작은 스트레스에 잘 견딜 만한 사람을 원하며, 이래저래 튀는 사람은 눈에 거슬린다.

자신감을 갖자. 내가 어떤 사람인지 표정으로 태도로 보여 주고 나오면 그만이다. 비록 몸은 면접관의 심판대 앞에 앉아 있지만 생각은 그들의 머리 꼭대기에 앉아 있어야 한다. 대학생들이여, 지혜로워지자*.

---

* 여기서 말하는 지혜는 순발력, 재치, 유머와도 관계가 많다. 이 감각을 배울 수 있는 가장 쉬운 방법은 코미디/오락 프로그램을 보는 것이다. 유머로 위기를 넘길 뿐 아니라 상대방의 벽을 허무는 사람들, 유쾌한 대답 한마디로 분위기를 내 편으로 끌어오는 사람들. 생각을 열면 어디에나 선생님이 있다.

성공을 만드는
역.량.관.리

날씨가 기막히게 화창하던 초여름 어느 날. 지방에 강의를 갔다가 서울로 돌아오는 기차 안이었다. 옆 좌석에는 대학생으로 보이는 딸과 엄마가 앉았다.

"재밌게 잘 놀았다. 그치?"

"응."

"돈 쓰는 재미가 좋은 거야. 너 열심히 해. 수능 끝나면 바로 토익학원 다녀라."

"토익?"

"수능 끝나고 12월부터 세 달 정도 다니면 점수 금방 오른대. 어떤 게 시험 나온다고 딱딱 찍어 주니까 뭐 쉽지. 이모네 아들들도 다 그렇게 해서 점수 잘 받았잖아. 외국에 안 나갔다 와도 된다더라."

딸은 재수생인 듯했다. 엄마의 말에는 돈과 재미, 점수가 하나로 연결되는 자본주의 속성이 그대로 녹아 있었다.

정말 야무지게 점수만 따면 취업도 잘 되고 돈도 잘 벌 수 있는 것일까. 그렇기도 하고 그렇지 않기도 하다. 야무지게 점수를 잘 딴다는 것은 주어진 시간에 주어진 범위의 공부를 성공적으로 해낸다는 자기조절을 포함한다. 높은 점수란 그 결과물로 나타나는 것 중 하나이다. 그러니 야무지게 점수를 잘 딴 사람은 점수만 딴 게 아니다. 눈에 보이지 않는 역량이 성장한 것이다. 어디 시간뿐일까. 성공을 이루는 사람은 감정, 돈, 사람 등 나에게

주어진 모든 에너지를 주도적으로 관리할 줄 아는 사람이다. 대학 4년은 성숙한 어른이 되기 위한 감정 관리, 부자가 되기 위한 돈 관리, 존경받는 사람이 되기 위한 인맥관리 등 모든 면에서 기초실력을 훈련하는 기간이다.

눈으로 보이는 돈, 점수, 취업은 극히 일부일 뿐이다. 그것을 움직이는 보이지 않는 세계의 성공원리는 정확하다. 당장은 높은 학점이 취업에 유리하겠지만, 사실은 높은 학점을 따기 위한 끈기와 자기관리 능력이 그 사람을 성공하게 만든다. 그러니 문서를 위조하여 높은 점수를 만들어 낸 사람은 취업 이상의 성공을 이룰 수 없다.

4년 동안 남들처럼 자격증 따고 남들처럼 영어 공부해서 어디 가서 기죽지 않을 정도의 직업을 얻는 것으로 만족한다면 그냥 그것으로 끝이다. 성공은 남만큼, 남처럼 평범하게 사는 정도의 감각으로는 얻을 수 없다. 남보다 더, 남을 짓밟는다고 더 큰 성공이 찾아오는 것이 아니다. 모든 젊은이들이 이루어야 할 것은 내 고유의 특징을 꾸준히 갈고 닦음으로써 실현한 성공이다. 나를 사랑할 줄 알고 나의 가치를 소중히 여기는 사람만이 건강한 인간관계를 맺는다. 양질의 일을 해내며 시간을 소중히 쓴다. 이것이 성공 연습이다.

'남들은 뭐하나?'에 나의 갈 길을 맞추지 말자. 내가 무엇을 즐거워하는지, 나는 어떤 사람인지에 대한 인식이 나의 차별성을 만들어 줄 것이다. 탁월한 성공은 가장 나다운 역량을 키워 낼 때 찾아온다는 점을 기억하자.

대학 4년, 인맥의 뿌리를 만들자

돈이 그대에게 오도록 만들고 싶은가.
그러면 사람이 먼저 그대에게 오도록 만들어라.
사람을 곁에 머무르게 만들 수 없다면 어찌 돈을 곁에 머무르게 만들 수 있겠는가.
-이외수, 『아불류 시불류』 중에서

서울의 한 대학교에 강의를 갔을 때였다. 강의를 마치고 자유롭게 질의 답변이 오가는 시간, 복학생 포스가 진하게 풍기는 남학생이 손을 들었다.
"정말 열심히 공부하고 시간관리도 잘하고 싶은데요, 같이 있는 사람들 때문에 안 될 때가 많습니다. 이 특강 들으러 오는 것도 수업이 하나 휴강돼서 온 거거든요. 친구들이 그냥 집에 가자는 거 저만 왔는데, 자기관리를 위해서 주변의 유혹을 잘 이겨 낼 수 있는 방법이 있다면 알려 주세요."
이 무슨 중학생들이나 할 법한 질문인가. 유혹을 이길 수 있는 방법이 있다면 나도 좀 배우고 싶다. 인간은 나약하기 짝이 없는 동물이다. 주변의 유혹을 이기기는커녕 은근히 유혹을 즐기며 그것을 내 실패의 핑계로 만들어 스스로를 합리화하는 선수이기도 하다. 위 학생에게 가장 좋은 방법은 그 친구들을 덜 만나는 것이다. 내가 하고 싶은 것, 배우고 싶은 계획대로 실천하는데 눈치 볼 만큼 가치 있는 친구들이 아니다. 조금 더 발전하고 싶다면 나보다 욕심이 더 많은, 적어도 나와 비슷한 사람들과 자주 만나야 한다.

내 주변에는 어떤 사람들이 있는가

미국의 대통령이었던 존 F. 케네디는 1962년 라이스대학 연설에서 "10년 이내에 인간이 달 위를 걷게 하겠다."고 선언했다. 그러나 수많은 과학자들이 그것은 "불가능하다."고 했다. 과학자들로부터 우주선이 달 위에 착륙할 수 없는 이유에 대한 보고서를 받은 후 케네디는 그들과 더 이상 논쟁을 하지 않았다. 더 이상 그들을 만나지도 않았다. 대신, "가능하다."고 말한 과학자들을 만났다. 결국, 1969년 닐 암스트롱은 달 위를 걸었다.

어떤 사람을 만나는지는 매우 중요하다. 나와 눈빛을 나누고 말을 나누고 식사를 나누고 생각을 나누는 사람들은 누구인가. 부정적인 말과 태도로 나를 오염시키는 사람은 아닌가. 만나면 술을 퍼붓게 만드는 선배, 말끝마다 욕이 딸려 나오는 친구는 나의 에너지를 고갈시킬 뿐이다. 토크쇼의 여왕 오프라 윈프리는 "주변에 험담하는 사람을 멀리하고 나에 버금가는 혹은 나보다 나은 사람들로 주위를 채우라."고 했다. 만날 때마다 배울 것이 있는 선배, 편안함을 주는 친구를 만나자. 도전의식을 주는 모임에 참석하고 미래를 꿈꾸게 하는 강의를 찾아다니자. 나를 키우는 환경은 내가 만들어야 한다. 가장 먼저 내 주변의 사람들을 정화하자. 나는 내 옆의 사람들만큼 크게 될 것이다*.

교수님도 친구가 될 수 있다

대학생활을 통해서 대학생들이 중시해야 할 인간관계가 바로 교수님과의 관계이다. 고등학교 때처럼 늘 옆에 있는 것도 아니고 왠지 어려운 어른을 대하는 것 같아 다가서기는 쉽지 않지만, 교수님은 내가 공부해 나갈 분야의 권

---

* 나는 요즘 어떤 책들을 보고 있는가? 그 책의 저자들도 내 주변의 사람들에 속한다.

위자이자 엄청난 성과로 무장한 인생의 선배다.

대부분의 경우, 전공 계열에 소속된 교수님들이 학생들을 나누어 지도교수로 배정된다. 학기가 시작되면 교수님과의 면담이 이루어지기도 한다. 조사 결과에 따르면, 약 40%의 대학생이 신입생 시절에 지도교수와 한 번도 면담을 하지 않는 것으로 나타났다[*]. 학생들은

"그 교수님 누군지도 잘 몰라요. 어색하고, 뭐 할 말 있겠어요. 그냥 형식적인 거지."

하면서 소극적인 태도를 보이는데, 어색한 자리라도 교수님과 인간적인 유대를 갖는 것이 좋다. 교수님들도 학생들을 개별적으로 만날 기회는 많지 않으므로 즐겁게 만나 주신다. 수업을 들어 보면 교수님의 수준과 인격을 느낄 수 있다. 존경할 마음이 생기는 교수님께 전화나 메일로 면담을 요청해 보자. 전공 과목에 대한 공부 방법이나 진로에 대한 고민은 교수님 이상으로 답을 줄 사람이 없다. 교수님도 그 전공을 택하며 갈등이 있었을 것이고, 한 가지 공부를 오랫동안 하면서 회의가 들 때도 있었을 것이다. 적극적으로 노력하여 인격적인 관계를 맺을 만한 가치가 충분하다.

내가 먼저 문을 두드려야 한다. 스승의 날 감사 인사를 앞세워 연구실을 찾고, 어려운 과제를 어떻게 하면 좋을지 여쭤보기도 해야 한다. 그렇게 1학년, 2학년을 지내고 나면 진로와 대학생활, 인생에 대한 조언을 구하는 것도 자연스러워진다. 오랫동안 나를 지켜보신 교수님이 취업을 위해, 대학원 진학을 위해 추천서 한 장 써 주는 것이 뭐 어렵겠는가. 깊은 통찰을 담아 진정성을 더해 써 주신 추천서는 형식적으로 날려 쓴 다른 지원자들의 추천서와 차원

---

[*] 서울대학교 대학생활문화원(2009), 『효과적인 대학교육 정책수립을 위한 대학생활 의견조사 보고서』.

이 다른 결과를 낼 것이다.

나를 키우는 친구들

요즈음 대학생들은 외톨이가 많다. 성적이나 취업, 출세에 대한 욕심 때문에 수업 말고는 과외 활동을 의도적으로 피하는 학생들이 있는가 하면, 대인관계에 관심이 없는 학생들도 있다. 중고등학교 때에야 특별히 노력하지 않아도 시간이 지나면 적당히 아는 친구들도 생기고 싫든 좋든 짝도 있으니 얼마나 편한가. 그러나 대학생활은 친구 하나 만드는 것도 나의 능동성을 필요로 한다. 그러니 내 옆에 몇 명이 있는지, 어떤 친구가 있는지도 모두 내 성과인 것이다. 학교에 들어서면 제일 먼저 만나게 되는 친구, 함께 수업을 듣고 공강 시간을 보낼 친구, 모여 앉아 숙제를 고민할 친구가 있어야 한다. 3~5명 정도면 적당하다. 대학의 친구들은 필요에 따라서만 만나게 되어 마음을 나누기 어렵다는 이야기들도 들려온다. 그러나 관계는 만들어 가기 나름이다.

대학생에게 친구란 동갑내기에 한정되지 않는다. 재수생 삼수생 동기와는 반말을 주고받는 편안함 중에서도 듬직함을 느낄 수 있고, 선배 후배들은 입체적인 인맥을 만들어 준다. 나는 대학에 입학해서야 비로소 '세상에는 참 다양한 사람들이 있구나.'를 체험할 수 있었다. 고등학교 때까지는 같은 동네에 사는 친구들이 모이니 사투리를 쓰는 전학생이 하나만 있어도 관심거리였다. 모두 똑같이 교복을 입고 하루 일과도 비슷하다. 대학에 오니 전국 8도의 사투리를 쓰는 친구들과 이야기를 나누는 것만으로도 즐거웠다. 자취를 하는 학생들을 보면 그들의 야무진 생활을 배울 수 있었고, 연예인처럼 예쁘고 잘생긴 친구들을 보면서는 외모까지 관리하는 철저함을 동경하기도 했다. 돈 많은 집 자식들은 또 얼마나 많던지. 그들을 알아 가면서 있는 집 자식에 대한 막연한 불만을 씻어 버릴 수 있었다. 매일 부족한 용돈에 살림살이가 궁했던 나와는 비교되는 친구들이었지만, 하루를 열심히 살아가는 수고로움은 모두 같다는 것을 알게 해 준 친구들이다. 직장생활을 하다 대학에 다시 입학한 동기, 대학을 졸업하고 다시 입학한 동기, 4수를 한 동기와도 친구가 될 수 있다. 그 다양한 삶들과 말을 섞을 수 있다는 것은 축복에 가까운 특권이다. 그들은 이성 친구*, 세상, 공부 등 모두 주제에 대한 생각의 폭을 넓혀 주었다. 나의 친구들은 모두 나의 선생님이다.

실천해 본 사람만 공감하는 조언

01 내가 자주 만나는 사람은 누구인가. 내 옆의 선배는 2년 후 내 모습이고, 자주 찾게 되는 교수님은 30년 후 내 모습이다.

02 교수님을 어려워하지 말자. 그들도 집에서는 아빠, 고모, 삼촌일 뿐이다. 인간적인, 그래서 통할 수 있는 이야기를 나누러 연구실 문을 두드리자.

03 친구들은 이야기를 나누며, 숙제를 함께 하며 나를 키운다. 나이가 무슨 상관인가. 선후배 따질 것이 뭐 있는가. 나와 잘 통하는 사람들과 함께하자. 대학생활 내내 충실한 나의 선생님이 되어 줄 것이다.

---

* 이성 친구에 대한 호기심으로 가득한 대학생에게 나이 많은 친구들의 '성숙한' 경험들은 흥미진진한 수다거리이다. 그뿐 아니라 이성과 결혼, 성에 대한 생각을 세워 나가는 초석이 되기도 한다.

스트레스 관리, 묻히느냐 넘느냐

부정적인 마인드는 스트레스를 뻥튀기한다.
사건 자체는 우울이나 짜증을 일으키는 힘이 없다.
불쾌한 감정은 그 사건에 대한 해석에서 오는 것이다.

대학생 시기는 인생의 발달단계에서 가장 많은 변화를 경험하는 불안정한 시기다. 청소년에서 성인으로 전환되는 과도기에 해당할 뿐 아니라, 생활환경도 급격히 달라져서 우리의 뇌는 그 모든 변화를 인지하고 처리하기에 바쁘며 감각신경들은 긴장을 늦출 수가 없다. 그러니 대학생들은 시간이 많고 특별히 할 일이 없더라도 늘 스트레스 상태에 놓여 있는 것이다. 게다가 일과가 규칙적이지도 않으며, 갑작스럽게 시작되는 난해한 전공 공부를 비롯해 음주와 흡연, 이성 교제, 친구 관계, 군 복무, 아르바이트, 진로 선택, 취업 활동, 소비 활동 등 스스로 해결해야 할 문제들에 직면하게 된다. 불안정하고 혼란스럽다. 대학생의 정신건강에 대한 조사 자료에 따르면, 30~40%의 학생들이 심리적 어려움을 겪으며, 약 8%의 학생들은 자살충동을 느낀다고 한다[*].

이 스트레스를 다스리지 못하면 만사가 귀찮아진다. 지각 결석에도 무뎌지며, 밥 사 달라고 들러붙는 후배들도 짜증난다. 꿈이 어쩌고 청춘이 어쩌고 하는 아름다운 말들은 귀에 들어오지도 않으며, 무력감에 질질 끌려다니다가 학사경고를 받기도 한다. 다양한 스트레스가 쉴 틈 없이 덤벼드는 대학

---

[*] 권석만(2010), 『인생의 2막 대학생활』, 서울: 학지사, 280쪽.

시절, 성공적인 인생을 위해 스트레스를 다스리는 방법을 연습하는 데 최적의 시기이다.

과도한 기대는 스트레스를 만든다

대학생활이 자유와 낭만으로 가득할 것이라는 기대는 모든 학생들의 마음속에서 돌아가는 스트레스 제조기이다. 여러 가지 동아리에 가입해 신나게 살겠다라는 다짐은 피로와 바닥권 성적을 동반하고, 모든 사람들이 나에게 호의적일 것이라는 기대는 배신감으로 되돌아오기도 하며, 때로는 스스로 다른 사람들 앞에서 미숙한 행동을 하여 자신이 초라하고 비참하게 여겨질 때도 있다. 스트레스를 많이 경험하는 사람들은 세상과 타인에 대해서 비현실적인 기대를 할 뿐 아니라 자기 자신에 대해서는 완벽주의적인 기대를 품는 경향이 있다.

대학은 사람이 북적거리는 세상의 축소판이다. 억울한 일도 있고 기막힌 일도 있으며 그 사이에서 상처받는 나도 있다. 교우 관계, 동아리 활동, 전공 공부, 이성 친구 등 모든 일에는 양면이 있게 마련이다. 욕심을 버리자. 피곤할 때에는 트레이닝복 차림으로 수업을 들어도 괜찮다*. 남들 눈 때문에 나를 괴롭힐 이유가 뭐 있는가. 그 편안함을 친구들도 부러워할 것이며 용기와 개성으로 인정해 줄 것이다. 신중해지자. 이것저것 많이 겪어야 할 대학생활이지만 무분별한 것과 내가 선택한 다양성은 분명히 다르다. 충동적인 행동을 삼가고 조용히 혼자만의 시간을 확보해야 한다.

---

* 전날 3시까지 술을 마시고도 1교시 수업에 변함없이 높은 굽에 드라이까지 하고 나타나는 여학생들은 반드시 실천해 볼 일이다.

부정적인 상상에서 벗어나자

부정적인 마인드는 스트레스를 뻥튀기한다. 심리학자들은 이를 '인지적 오류'라고 하는데, 스트레스를 낳는 사건을 부정적으로 과장해서 해석해 버리는 것이다. 사건 자체는 우울이나 짜증을 일으키는 힘이 없다. 불쾌한 감정은 그 사건에 대한 해석에서 오는 것이다. 수업 시간에 발표를 해야 한다면, 준비하는 동안 '잘해야 한다. 교수님께 칭찬받고 싶다. 친구들 앞에서 바보가 될 수는 없다.'는 미미한 스트레스가 발생한다. 20분 간의 발표는 간단히 지나갔을 것이다. 그러나 마음속에서는 '망쳤다.'는 부정적 해석에다 '친구들이 날 어떻게 보았을까. 교수님이 웃으셨겠지.'라는 생각까지 더해져 우울해져 버린다. 이런 점에서 스트레스는 자신이 만들어 내는 것이다.

부정적인 생각은 습관적으로 일어난다. 내 입에서 "망했다.", "짜증 나.", "미치겠네."와 같은 말이 자주 튀어나오지 않도록 의도적으로 자제하자. 대학생활은 처음 해 보는 것, 익숙지 않은 것들 투성이니 실수가 많을 수밖에 없다. '이러다가 백수 되는 거 아니야?', '나만 따돌리는 거 아니야?', '그 문제 나만 못 푼 거 아니야?' 하는 '아니야?' 불안증을 내려놓자. 거듭 말하거니와, '아니다.'

다양한 대처 행동을 개발해야 한다

지저분한 책상을 정리한다고 상상해 보자. 우선 책이나 가방, 컵 등 손에 집히는 큰 녀석들을 치우고, 샤프심 조각이나 지우개 찌꺼기와 같은 자질구레한 먼지는 휴지로 쓸어 낼 것이다. 얼룩진 커피 자국은 물을 묻혀서 닦아 내야 한다. 무엇이 어떻게 어질러졌는지에 따라 청소하는 방법이 다른 것이다.

스트레스도 마찬가지다. 감정의 얼룩, 생각의 찌꺼기, 열등감 조각 등 다양한 스트레스는 각각 해소하는 방법도 달라야 한다. 그러나 학생들에게 스트

레스를 어떻게 푸느냐고 물으면,

"그냥 뭐, 음악 듣고, 자거나 친구랑 이야기하다 보면 풀려요."
라고 대답한다. 지극히 일반적인 방법들이다.

스트레스는 사람마다 상황마다 발생 원인이 다르고 자연히 풀리는 매듭도 다르다. 스트레스를 능숙하게 다스리는 사람들은 상황과 감정별로 스트레스에 대한 대처행동을 구체적으로 알고 있다. 그뿐 아니라 능동적으로 스트레스 대처법을 개발하기도 한다.

"이렇게 우울할 때에는 딸기우유를 먹으면 기분이 좋아져요. 어릴 때부터 딸기우유를 좋아했었거든요. 달콤한 향기도 좋고 꿀꺽꿀꺽 넘기고 나면 부러울 게 없어요*."와 같은 대안을 여러 개 만들어 두자.

내 정서의 뿌리 가족 관계가 편안해야 한다

아무렇지도 않은 상황을 짜증과 불안, 걱정, 우울로 받아들이는 것은 저 밑바닥 어딘가에서 이미 스트레스가 솟아나고 있기 때문이다. 그 암울한 기운은 내 정서의 뿌리인 가정에서 시작된다. 특히 부모와 관계가 편안하지 않은 학생들은 백이면 백, 아무 일이 없는데도 평상시의 스트레스 지수가 높다. 그러니 작은 일에도 크게 스트레스를 느끼는 것이다.

대학생 시기는 부모와의 관계가 질적으로 변화하는 시기이다. 중고등학교 때부터 자유롭고 싶어 했던 학생들은 그것을 실현하고 싶어 하지만, 부모는 여전히 통제를 멈추지 않는다. 돈 쓸 일도 많아지고 집에도 늦게 들어오니 부

---

* 문득 무언가 먹고 싶어질 때가 있다. 우리 몸은 어떤 맛을 느낄 때 어떤 영양소가 섭취되었는지 기억한다고 한다. 무언가 먹고 싶어진다면 그 음식에 든 어떤 영양소가 우리 몸에 필요해서 그럴 수 있다.

모와의 갈등도 커진다. 나의 생활이 이루어지는 집, 그 중점에 계시는 부모님과의 관계는 나의 일상과 감정 전반에 영향을 미친다. 가족들 특히 부모님과의 관계가 건강해야 한다.

부모로부터 받았던 상처나 쌓였던 분노를 해결하자. 가족 관계에서 비롯한 스트레스를 가진 학생들은 아빠가 강요하는 진로가 싫어 일부러 다른 전공을 택하기도 하고, 지긋지긋하게 간섭하는 엄마 생각이 나서 여자 친구와 헤어지기도 한다. 부모님과 대화를 하는 것이 가장 좋겠지만, 그럴 수 없더라도 스스로 그 문제에서 자유로워질 수 있어야 한다. 노력이 필요하다. 고생스러웠던 부모님의 성장 과정을 생각하며 그 마음의 옹벽을 헤아려 보자. 가족들과 나의 성격차이를 이해하기 위해 심리학 관련 책을 읽는 것도 도움이 된다.

실천해 본 사람만 공감하는 조언

01 남에 대한 기대, 나에 대한 기대는 스트레스를 낳는다. 있는 그대로의 세상과 나의 모습을 사랑하자.

02 부정적인 생각은 습관적으로 일어난다. 내 입에서 "망했다.", "짜증 나.", "미치겠네."와 같은 말이 자주 튀어나오지 않도록 의도적으로 자제하지.

03 나의 생활이 이루어지는 집, 그 중점에 계시는 부모님과의 관계는 나의 일상과 감정 전반에 영향을 미친다. 부모로부터 받았던 상처와 쌓였던 분노를 해결하자.

내 손으로 번 돈, 지켜야 할 원칙들

내가 번 돈을 쓰는 데에는 최소한의 원칙이 있어야 하지 않을까.
먹고사는 일, 친구 만나는 일, 전화 요금 내는 데에만 다 쓸 수는 없는 일이다.
나중에 더 큰돈을 벌게 되더라도 변함없이 지킬 수 있는 나와의 약속이 필요하다.

그 망할 놈의 철이 들어 감에 따라 우리는 용돈을 탈 때마다 부모님께 죄송스러운 마음을 금할 수가 없다. 그래서 대학생들은 아르바이트를 구하느라 여념이 없다. 내 통장에 내가 번 돈이 생기기 시작하면 이제 돈을 다루는 방법도 알아야 한다. 시간을 다스리는 방법을 알아야 하는 것과 마찬가지다. 시간과 돈은 소중히 여겨야 한다. 그렇다고 쫓기거나 말려들어서는 안 된다. 시간이 그렇듯 돈도 흐른다. 시간을 어떻게 쓰느냐에 따라 나의 하루가 달라지고 인생이 달라지듯, 내가 돈을 어떻게 흘려보내느냐에 따라 나의 가치가 달라진다.

나는 대학 1, 2학년 때까지 부모님이 주시는 용돈으로 생활했다. 방학 동안에는 패스트푸드점의 아르바이트를 하기도 했으나 학교를 다니면서는 그나마도 시간이 나지 않았고, 점장님도 학교 가느라 일할 시간을 내지 못하는 알바생을 원하지 않았다. 얼마 되지 않는 돈을 벌고자 점장 눈치 보고 시간 빼앗기는 것이 싫기도 했고, 그냥 부모님이 주시는 용돈이 편하기도 했다. 3학년이 되고부터는 중고등학생들을 가르치는 과외를 시작했다. 하나로 시작했던 것이 두 개, 세 개로 늘어나면서 부모님이 주시는 용돈을 받지 않아도 되었을 뿐 아니라, 핸드폰 요금도 내 통장에서 자동이체되도록 바꾸었다. 5

학년* 때에는 수업이 많지 않아 학교를 가지 않는 날들은 모두 일을 했다. 학원에서 아이들을 가르치기도 했고 교육 관련 회사에 인턴사원으로 들어가기도 했다. 비록 아르바이트고 인턴이었지만 매번 좋은 성과를 내어 급여는 올랐고 보너스를 받기도 했다. 이쯤 되니 내 용돈은 물론, 친구들 만나 영화 보고 밥 먹는 것도 부담스럽지 않았다. 등록금도 내 손으로 냈다. 그러면서 돈에 대한 나만의 기준이 필요하다는 생각을 했다. 내가 번 돈을 쓰는 데에 최소한의 원칙이 있어야 하지 않을까. 먹고사는 일, 친구 만나는 일, 전화 요금 내는 데에로만 다 쓸 수는 없는 일이다. 나중에 더 큰돈을 벌게 되더라도 변함없이 지킬 수 있는 나와의 약속을 정하고 싶었다.

그래서 지금도 실천하고 있는 세 가지 원칙을 여러분께도 공개한다. 대학생, 내 손으로 번 돈이 생기기 시작하는 시기에 참고가 되기 바란다. 나의 원칙을 따라해 보아도 좋을 것이다. 그러면서 자신의 원칙을 만들어 나가면 된다. 부디 돈을 지배하는 내공을 갖게 되기를 바란다.

10%는 나 이외의 존재를 위해 써라

이것은 사람답게 살기 위함이다. 인간으로 이 우주에 태어난 데 따르는 책임이라 해도 될 것이다. 나의 재능과 노력과 노동이 그저 '먹고살기' 또는 '잘 먹고 잘 살기' 위해서만 쓰인다는 것은 매우 의미 없는 일이기 때문이다. 먹기 위해 뛰고 맛있는 것을 먹기 위해 더 빨리 뛰는 것은 동네 도둑고양이들도 한다.

10%는 최소한이다. 돈을 많이 벌게 되거나 노년에 돈 쓸 일이 없어지면 50%, 70%의 기부도 가능할 것이다. 그러나 지금부터 내가 번 것을 나누는

---

* 초과학기

습관이 몸에 배야 한다. 5%나 1%는 어떨까. 내 경험에 의하면 계산하기 번거로웠고, 액수가 작아 무언가 나눈다는 자부심이 느껴지지도 않았다.

용돈으로 5만 원을 받았다면 5천 원을 남과 나누자. 자선단체에 기부하는 것도 좋지만 내 주변의 사람들에게 베푸는 것도 즐거운 일이다. 수업 시간마다 수고하시는 교수님을 위해 자판기 커피 한 잔은 어떤가. 커피 한 잔을 교탁에 올려 두고 나면 수업에 관심이 많아진다. 결국, 내가 마음을 쓴 만큼 다른 방법으로 내가 얻는 것이 더 생기는 법이다. 아르바이트로 50만 원을 벌었다면 5만 원은 남과 나누자. 자신의 뜻과 잘 맞는 비영리단체를 정해 두고 수익이 생길 때마다 자동이체를 하는 것도 편리한 방법이다.

나는 지금도 이 원칙을 지킨다. 전쟁 난민 어린이들에게 필기구와 운동화 지원, 소년소녀 가장들에게 도시락 보내기, 이혼가정 자녀의 심리치료, 아프리카 어린이들에게 염소 등 가축 분양하기*, 나무 심기 등 내 마음에도 감동이 되는 일들에 내 수익의 10%를 송금했다.

10%는 저축하라

저축을 해야 한다는 것은 누구나 잘 아는 사실이다. 그러나 저축의 규칙을 만들어 습관적으로 저축하는 사람은 놀랄 만큼 드물다. 받은 용돈을 저축하고 있는가? 차비와 밥값으로도 빠듯하다는 핑계는 접어 두자. 저축은 습관이다. 돈이 많아서 저축하는 사람은 아무도 없다.

『부자 아빠 가난한 아빠』의 저자 로버트 기요사키는 책 속 부자 아빠의 대

---

* 염소나 닭은 어린이들이 쉽게 돌보고 기를 수 있으며, 우유나 계란을 팔면 돈을 벌 수 있기 때문에 일하느라 학교를 다니지 못하는 어린이들에게 노동의 짐을 덜어 준다. 새끼를 낳으면 목돈이 생기기도 해서 가정경제에도 큰 보탬이 된다.

사를 통해 "수익의 10%씩만 저축을 해도 모든 사람이 부자가 될 수 있다."고 말한다. 이 10%는 절대 쓰지 않는 돈이다. 이 돈은 모이고 모여 목돈이 되고 그 돈은 눈덩이처럼 굴러 이자를 만들어 낸다. 이 돈은 평생 그리던 세계일주의 꿈을 이루어 주기도 하며, 일을 하지 않아도 되는 노년을 만들어 주기도 하며, 이자 수익만으로 멋진 차를 굴릴 수 있도록 해 준다. 즉, 편안하게 잘 먹고 잘 살기 위한 10%인 것이다.

물론, 이때 10%도 최소한이다. 더 많은 저축도 가능하겠지만, 내 경험에 의하면 10%가 가장 적당했다. 20%를 저축해 보니 지켜질 때도 있었고 부족해서 저축을 빼서 쓰기도 했었다. 10%를 저축하면 저축을 많이 했다는 느낌이 들지 않기 때문에 '이 정도도 안 할 수는 없어.'라는 자동 방어막이 생기기도 한다. 또한 남을 위해서 쓰는 돈보다 나를 위해서 모으는 돈이 더 많다면 왠지 욕심이 많다는 생각이 들 수도 있다. 기부와 저축을 빼고 80%를 먹고사는 일에 쓰게 되기 때문이다.

용돈이든 월급이든 돈이 생기면 10%는 무조건 저축하자. 10만 원의 용돈이 생기면 1만 원은 타인을 위해 쓰고 1만 원을 저축하면 된다. 저축 전용 통장을 따로 만들어 돈이 생길 때마다 10%씩 이체를 하면 좋다. 2만 원은 원래부터 없던 돈이라고 생각해야 한다. 내 지갑에는 8만 원뿐이어야 하고 그 8만 원으로도 충분한 소비가 가능하나.

절약하되 보람을 느낄 수 있는 방법이어야 한다

기부와 저축을 빼고 나면 수익의 80%가 남는다. 나는 이 돈으로 차비와 밥값, 친구 만나기, 연애하기, 제주도 여행, 심지어 등록금까지 해결했다.

당신은 용돈을 어떻게 쓰는가? 부모님께 받은 것이므로 최대한 아껴 쓰려고 노력할 것이다. 내가 번 돈은 어떤가? 부모님 눈치 보지 않아도 되니 조금은 여유롭게 쓸 것이다. 그러다가 천 원짜리 몇 장으로 일주일을 살아야 할 만큼 궁색한 날들도 보내 보았을 것이다.

수중의 돈을 있는 대로 다 쓰고 다음 용돈을 기다리는 식으로는 멋진 삶을 꾸릴 수 없다. 이 습관은 알바비를 있는 대로 다 쓰는 습관으로 이어지고, 월급이 나오기도 전에 카드로 앞당겨 쓰는 습관으로 이어진다. 소비에는 우선순위가 있어야 한다. 그 순위는 내가 소중하게 생각하는 순서와 일치해야 하며, 대학생들에게 우선순위는 '내가 하고 싶어 하는 일'이어야 한다. 돈이 없어 무언가를 못 했다는 미련을 남기지 않기 위해서이다.

내가 좋아하는 일에 쓸 돈은 따로 확보해 두자. 그것을 위해 나머지 일들에는 절약하며 '가난하게' 소비하는 것이다. 깨물어 주고 싶을 만큼 사랑스러운 여자 친구가 있는가. 그렇다면 연애 비용을 배정해 두어야 한다. 책 읽기를 좋아하는가. 그렇다면 책 살 비용을 구분하여 두라. 나는 뮤지컬 등 공연 보기와 여행을 위한 돈을 배정해 두었다. 한 달에 5만 원씩 6개월을 모아 제주도 여행을 갔고, 아르바이트 수입이 늘어나면서는 10만 원씩 저축을 해서 동남아 여행을 했다. 월급을 받으면서부터는 조금 더 늘렸고, 지금도 여행을 위해 일정액을 저축하고 있다. 공연을 볼 때에도 최고의 감상을 하고 싶어 가장 비싼 자리의 표를 산다. 그러고는 음료 등 간식을 사 먹지 않기 위해 집에서 물과 빵을 싸 가지고 간다.

대학 시절은 온통 하고 싶은 것뿐이다. 시간도 많고 열정도 넘치는데 돈이 없어서야 되겠는가. 내가 마음먹은 만큼 구분하면 가능하다. 6개월을 모으면 작은 목적이 성취되고, 1년을 모으면 안 될 것이 거의 없다. 그리고 나머지는 절약하자. 학교 앞 맛집 대신 학교 식당을 내 집처럼 생각하고, 그럴듯한 브랜드 커피 대신 편의점 커피도 훌륭하다. 공강 시간에 생각 없이 당구 치러 가는 대신에 알바 자리 알아보러 도서관 컴퓨터 앞에 앉자.

실천해 본 사람만 공감하는 조언

01 돈은 쓰는 사람의 내공을 금방 알아차린다. 돈을 다루는 방법을 모르는 사람에게는 어떠한 가능성도 보여 주지 않으며, 금방 새어 나가 버린다. 돈 씀씀이에 노련해지자.

02 무조건 아끼고 무조건 모아서는 고통스럽기만 하다. 무엇을 위한 저축인지 구체적으로 정하자. 그러면 모으는 기쁨과 절약하는 보람이 느껴질 것이다.

03 사람답게 살고 싶다면 내가 힘들여 번 것의 일부를 나 이외의 존재와 나누어라. 결국은 모두 나의 유익으로 되돌아올 것이다.

좋아하는 것이 곧 실력이다

하고자 하는 마음이 있는 사람과 없는 사람의 성과는 1,500%의 차이가 난다.
그 정도 차이라면 하고자 하는 마음이 있다는 것만으로도 저 앞의 출발선에 서 있는 것이다.
좋아하는 것이 곧 실력이다.

규혁이는 중학교 때부터 컴퓨터에 빠져 살았다. 학교에만 다녀오면 바로 컴퓨터 앞에 앉아 시간 가는 줄 몰랐다. 밥을 거를 때도 많았고 잠을 자지 않을 때도 많았다. 숙제나 시험 따위와는 전혀 상관없이 살았다. 처음에는 게임을 즐겼는데 조금 지나자 간단한 게임을 스스로 만들 수 있게 되었다. 내 의도대로 구축되는 프로그램의 세계를 알아 가는 것은 학교에서 배우는 단순한 지식 나부랭이에 비할 수 없는 즐거움이었다. 덕분에 별로 좋지 않은 성적으로 학교생활을 해야 했다. 고등학교 내내 규혁이가 빠져 살았던 것은 해킹이었다. 재미로 시작했던 것이 수준급에 이르고 결국에는 세계해킹대회에까지 참여하기에 이르렀다. 성과는 랭킹 4위. 기가 막힐 일이다. 문제아 고등학생이 세계적인 해커의 명성을 얻게 되다니. 규혁이는 자신이 할 수 있는 모든 대회에 참여해 탁월한 성과를 냈다. 그 결과 점수로는 꿈도 못 꿀 서울의 한 대학에서 전액 장학금을 받으며 컴퓨터 관련 전공 공부를 할 수 있게 되었고, 대학생 신분으로 기업체나 국가기관의 보안프로그램을 만드는 프로젝트에 참가하는 등 멋진 이십대를 보내고 있다.

소질 = 하고자 하는 마음

아름다운 시로 유명한 원태연 씨가 MBC 〈황금어장〉 '무릎팍도사'에 출연한 적이 있었다. 예전부터 그분의 감미로운 시를 좋아했던 터라 관심 있게 보았다. 아름다운 시만 읽었지 얼굴을 본 적은 없었으니 신기하기도 했다. 시인인 줄만 알았더니 시나리오 작업을 하고 작사도 하고 영화감독까지 한다는 이야기가 오가고 있었다. 진행자인 강호동 씨가 내가 궁금해했던 것을 대신 질문해 주었다.

"모두 감성이 필요한 일이기는 하지만 분야마다 전문성이 필요하고 감각이 있어야 하는 것 아닙니까. 특히 영화는 화면을 만드는 기술이나 음향, 배우들 연기 지도도 해야 하고. 영상에 대한 공부도 많이 해야 할 텐데 어떻게 영화감독의 일을 해낼 수가 있나요. 원래 소질이 좀 있었습니까?"

원태연 씨는 감성인다운, 그러나 매우 정확한 한마디를 내놓았다.

"소질은 곧 하고자 하는 마음입니다."

그 이후 여러 가지 부연설명이 있었지만 내 귀에는 들어오지 않았다. 하고자 하는 마음만 있으면 할 수 있는 것이구나. 그것도 잘할 수 있는 것이구나. 소질이라는 것은 생겨나기도 하고 없어지기도 한다. 언제 우리가 소질 때문에 크게 이익 본 적이 있었던가. 초중고 학교 다니며 수행평가를 조금 편하게 할 수 있었던 것뿐이다. 각지의 분야에서 20년, 30년 몸담은 분들의 이야기를 들으면 알 수 있다. 소질이란 그저 그 분야를 선택하게 된 동기에 지나지 않는다는 것을. 그 이후는 모두 노력이며, 그 노력을 가능케 하는 것은 하고자 하는 마음이다. 남들보다 탁월한 무언가를 찾아 그걸로 평생 편하게 먹고살겠다는 생각이라면 일찌감치 내다 버리자. 하고자 하는 마음이 있는 사람만이 내 안의 소질을 볼 수 있다.

좋아하는 것 vs. 잘하는 것

좋아하는 것과 잘하는 것 중 어느 쪽의 힘이 더 셀까. 연구 결과에 따르면 하고자 하는 마음이 있는 사람과 없는 사람의 성과는 1,500%의 차이가 난다고 한다. 그 정도 차이라면 하고자 하는 마음이 있다는 것만으로도 저 앞의 출발선에 서 있는 것이다*.

그런데 가만히 생각해 보자. 좋아하지도 않는데 잘하는 것이 있던가. 잘하는데 좋아하지 않는 것이 있던가. 그런데 잘한다는 것에는 미묘한 함정이 있다. '남들보다' 잘하는 것이라는 의미가 숨어 있는 것이다. 이는 수치화할 수 있는 기준을 전제로 한다. 아무리 좋아하고 잘하는 것이 있더라도 그 기준에 맞게 출력되지 않으면 '남들보다' 못하는 것이 되어 버린다. 좋아하는 마음이 있음에도 불구하고 그러한 판정이 내려졌으므로 순식간에 못하는 것이 되는 것이다. 그런 반면에, 정해진 기준에 맞게 발현되면 잘하는 것으로 평가된다. 그러니 속지 말자. 지금 내 머릿속에 있는 잘하는 것과 못하는 것은 진짜가 아니다. 내 실력을 결정한 유일한 판단기준은 '내가 좋아하는가?'여야 한다.

좋아하면 그것으로 충분하다. 좋아하면 잘하게 되고 잘하면 더욱 좋아하게 되니 둘을 갈라서 비교할 수는 없다. 진로를 두고 좋아하는 것과 잘하는 것 중 무엇을 택할지 고민하는 학생들을 많이 보는데, 정확한 답을 얻으려거든 '둘 중 어느 것을 더 좋아하는가?'로 고민의 방향을 바꾸어야 한다. 좋아하는 것을 할 때의 몰입과 즐거움은 의지와 노력으로 따라잡을 수 없다. 좋아하지 않고는 한 분야에 10년 이상 몸담기 어려우며, 한 분야에 10년의 정성을 쏟

---

* 소질과 가진 돈의 차이로만 출발선이 다르네 어쩌네 하고 불평을 했다면 마음을 고쳐먹자. 좋아하는 것이 곧 실력이다.

지 않고는 실력자가 될 수 없다*.

나의 평소 행동에 답이 있다

그럼 나는 무엇을 좋아하는가. '좋아하는 것도 없고 잘하는 것도 없어요.'라는 하소연으로 지금까지 살아 온 학생들이 대부분이라는 것을 나도 잘 안다. 우리나라의 교육과정을 생각한다면 좋아하는 분야가 뚜렷한 학생은 유별나거나 공부를 못했던 학생이다. 그러니 좋은 학교에 다니는 대학생일수록 좋아하는 것이 없을 수밖에. 오죽 좋아하는 것이 없으면 공부를 했겠는가. 안타까운 일이다. 평소에 무언가 시간 가는 줄 모르고 몰입하는 일들이 있다면 그것이 힌트다. 좋아할 만한 요소를 가진 일은 일상생활에서도 얼마든지 찾을 수 있기 때문이다. 다음 페이지에 실린, 한 대학생이 적은 '내가 좋아하는 것'의 목록을 보자.

언뜻 보면 평범하기 짝이 없는 목록이지만 가만히 들여다보면 이 학생의 역량이 보인다. 사람을 좋아하고 새로운 것에 대한 거부감이 없다. 아기자기한 것과 영화, 텔레비전을 좋아하는 것으로 보아 감수성이 풍부한 것으로 보인다. 배우는 데 능동적이고, 정리와 설명하기를 좋아해 학습 효과가 배가 된다. 중요한 것은, 이 모든 행동들을 내가 좋아서 한다는 점이다.

이 학생은 생물학을 전공하고 있는데 향후 진로에 대한 고민이 많았다. 나는 이 학생에게 의학전문대학원에 진학해서 공부를 계속하되 '의사'라는 직업에만 탐을 내지 말고 희귀 질병에 대한 관심을 가져 보라고 했다. 새로운 것을 배우기 좋아하니 거부감 없이 남들이 이루기 힘든 성과를 내기에 유리하

---

* 그저 조금 잘 한다는 이유로, 그냥 하다 보니 어떻게 해서 그 분야를 택한 사람들은 2~3년 후면 지겨워진다. 인생의 회의가 찾아오고 진로고민이 끝나지 않는다.

내가 좋아하는것

01 독서
02 요리
03 다이어리 예쁘게 꾸미기
04 자료 정리
05 노트 정리
06 편지 쓰기
07 달리기, 줄넘기 등 운동
08 영화 감상
09 미분 적분
10 토익 공부
11 친한 친구와 이야기하거나 친구의 이야기를 들어 주는 것
12 글짓기(어떤 주제에 대하여 나의 주장을 펼치는 것)
13 청소(걸레 빨기^^;;)
14 새로운 것이나 이제껏 접해 보지 못했던 것을 배우는 것
15 서점 가는 것(서점을 가면 항상 기분이 좋다)
16 걷기
17 재미있는 TV 프로그램 시청
18 부모님 기쁘게 해 드리기(안마, 심부름 등)
19 아기자기한 장식품 모으기
20 종이접기
21 사람들에게 내가 알고 있는 것을 자세하게 설명해 주는 것

기 때문이다. 희귀 질병에 대한 치료법 연구는 인류에 기여하는 바도 크다. 40대 중반 이후에는 교수가 되어 학생 가르치는 일을 하도록 권했다. 좋아해서 몰입한 질병에 대한 연구들을 잘 정리해 두었다가 남에게 설명하기 좋아하는 기질을 발휘하여 후학들에게 물려준다면 누구보다 존경받지 않겠는가. 멋지지 않은가. 누구나 인생의 매 시기마다 가장 좋아하는 일을 하며 온 인류에 기여할 만한 성과를 낼 수 있다.

내가 평소 좋아하는 행동들에는 내 고유의 에너지, 힘들이지 않고 남들보다 잘 해낼 수 있는 에너지가 포함되어 있다. 그것은 우주가 나에게 준 선물이다. 잘 키워서 먹고사는 데 보태고 남들에게 도움도 주라는 신의 배려이다. 당장 메모지를 꺼내라. 내가 무엇을 좋아하는지, 어떤 것을 하며 시간 가는 줄 모르고 몰입하는지 적어 보자.

실천해 본 사람만 공감하는 조언

01 진로를 두고 좋아하는 것과 잘하는 것 중 무엇을 택할지 고민 중인가. 정확한 답을 얻으려거든 '둘 중 어느 것을 더 좋아하는가?'로 고민의 방향을 바꾸어야 한다.

02 내가 평소 좋아하는 행동들에는 내 고유의 에너지, 힘들이지 않고 남들보다 잘 해낼 수 있는 에너지가 포함되어 있다. 그것은 잘 키워서 먹고사는 데 보태고 남들에게 도움도 주라는 신의 선물이다.

03 나에게 어떤 소질이 있는지 궁금하다면 내가 무엇을 하고자 하는지 생각해 보자. 소질은 어떤 분야를 택하는 동기가 될 뿐, 그 이후는 모두 노력이다. 노력을 가능케 하는 것은 곧 하고자 하는 마음이다.

성공하는 습관

**성공은 습관이다.
생각의 습관, 감정의 습관, 말의 습관, 행동의 습관이 얽혀
인맥을 만들고 사건을 만들기 때문이다.**

 습관적으로 다리를 떨고 습관적으로 핸드폰을 만지작거리듯 습관적으로 성공을 할 수 있다면 얼마나 편할까. 나도 모르는 사이에 좋은 일이 벌어지고 어느 순간 성공을 이룰 수 있을 것이다. 그러나 꿈은 실제로 그렇게 이루어진다. 몸에 밴 습관으로 만들어지는 것이다. 그러니 성공하기 위해 영어 공부, 돈 벌기에 용을 쓰기보다 생각의 습관, 행동의 습관을 잘 만들어 놓는 것이 남는 장사다.

 "요즘 무슨 생각 하면서 살아?"

 내가 대학생들을 만나면 가장 먼저 묻는 말이다. 일본어를 전공하는 한 학생은 이렇게 대답했다.

 "그냥 살아요. 학교 다니고 숙제하고요."

 "동기 중에 취업한 애들도 있어?"

 "졸업 안 한 애들이 반 정도 되고요. 졸업한 애들 중에도 취업한 애가 두 명인가 그렇고 나머지는 그냥 놀아요(웃음)."

 "넌 졸업하면 어떻게 할 거야?"

 "모르겠어요. 취업하면 좋겠는데 제가 다니는 학교는 별로 안 좋은 데라 취업이 잘 되지도 않아요."

"아르바이트는 계속 하고 있어?"

"아르바이트 할 때는 재밌었는데 몸이 너무 안 좋아서 지난달에 그만뒀어요."

이 학생에게서는 전혀 생기를 느낄 수 없었다. 사람들과 섞이지 못하는 자신의 성격도 너무 싫고, 그래서 일부러 시작한 패밀리 레스토랑 아르바이트도 체력이 따라주지 않아 오래 할 수가 없었다. 졸업한 친구들 사는 모습을 보니 취업도 쉽지 않은 듯하고, 하고 있는 일본어 시험공부도 만만치 않은 것이다. 뭐 하나 답이 없는 상황에서 이 학생은 말 그대로 '그냥' 살고 있었다.

남의 이야기가 아니다. 대부분의 대학생들은 취업이라는 함정에 빠져 그 이상의 생각을 하지 못한다. 회사에 취직한다는 것은 내가 살아가는 방식을 '직장 생활'로 정했다는 것을 의미할 뿐, 아무것도 아니다. 앞의 학생처럼 안 될 것이라는 생각, 기운 빠진 표정으로는 그 어떤 성공도 기대할 수 없다*.

성공할 만한 태도를 갖추자. 나에게 좋은 기회를 제공해 줄 만한 사람들을 만나고 더 중요한 일을 맡을 수 있도록 작은 일에도 최선을 다하는 태도 말이다.

성공의 관성을 만들자

성공했다는 사람들의 삶은 참으로 완벽하다. 아침에 일찍 일어나기부터 시작해서 매일 일기 쓰기, 규칙적인 운동, 소량의 식사, 엄청난 독서량, 여러 가지 취미 활동, 폭넓은 인간관계 등, 도저히 따라 할 엄두가 안 난다. 그러나 가만히 생각해 보면 그리 대단한 것도 아니다. 그 사람들의 성공이 하루아침에 이

---

* 성공이 바보인 줄 아는가. 성공을 다스릴 만한 그릇이 되지 않는 사람에게는 절대 가지 않는다. 돈도 사람도 마찬가지다.

루어진 것이 아니듯, 그 완벽한 실천 항목들도 하루아침에 이루어진 것이 아닐 것이다. 우리보다 적어도 30년은 더 살았을 테니 독서량이 많은 것은 당연하고, 나이가 들다 보니 건강을 생각해서 식사량을 조절하고 운동을 하는 것도 자연스럽다. 사회생활을 오래 했으니 인간관계가 넓을 수밖에 없을 테고, 매일 어떤 일이 있었는지 메모하지 않으면 생각이 잘 나지 않아 스스로 답답할 테니 일기를 쓰게 되었을 거다. 이렇게 생각하면 별것도 아닌 항목들이다. 그런데도 그들이 대단한 이유는 무엇일까. 이 쉬워 보이는 실천들을 오랜 시간 동안 너무도 성실히 수행했다는 것이다. 사회생활을 오래 했다고 해서 모두 폭넓은 인간관계를 누리는 것은 아니지 않은가. 건강이 걱정되면서도 먹을 것에 대한 욕심을 자제하지 못해 위암으로 죽는 사람이 발에 차일 만큼 많다.

성공이란 그런 것이다. 성공할 만한 사람에게는 너무도 자연스럽게 다가오는 것이고, 그렇지 못한 사람에게는 가도가도 멀기만 한 것이다. 20대의 청춘들은 성공이 자기 발로 걸어 들어올 수 있도록 몇 가지 항목들만 몸에 익혀도 충분하다.

이 밖에도 나에게 맞는 실천항목들을 만들어 보자. 성공을 가져 오는 행동이 반복되면 그것들 사이에 관성이 생겨 점점 더 쉽게 실천할 수 있게 된다. 이 우주에 나와 똑같은 사람은 하나도 없으니, '다른 사람이 어쩌고저쩌고 했다더라.'를 기준으로 공연히 열등감에 빠질 필요는 없다*. 내 성격과 생활패턴과 가치관에 부합하는 성공 항목들을 만들어 보자. 세 번만 실천하면 관성이 생기고, 그 관성은 자연스럽게 나를 성공으로 이끌어 줄 것이다.

----

* 우리는 종종 노력하기 싫어 열등감의 보호막 속으로 피하기도 한다.

성공을 위한 실천 항목

*아침에 일찍 일어나는 것은 잠이 많은 젊은이들에게 어려운 일이니 아무리 실천하려 해도 실패만 거듭한다. 푹 자는 대신, 일어나는 순간에는 '오늘도 알차게 잘 살아야지.' 라는 생각으로 하루를 시작하자.

*등하교 시간이 불규칙하니 규칙적인 운동 시간을 갖기도 어렵다. 좋아하는 운동이 있다면 수준이 꽤 높은 동호회에 가입하여 활동하자. 열정이 넘치는 사람들과 어울리는 것만으로도 많은 것을 배울 수 있다.

*젊은이들에게 소량의 식사는 고통을 의미한다. 맛있는 것을 배부르게 먹는 것 또한 행복이니 일부러 내칠 필요가 있겠는가. 라면 한 그릇이라도 무엇이든 내 앞에 놓인 음식을 먹을 때에는 이 음식이 나에게 오기까지 거친 수많은 사람들의 손길에 감사하는 마음을 갖자. 감사하는 마음은 모든 성공의 뿌리가 된다.

핸드폰이 손에서 떠나지 않듯 손에는 항상 책이 있어야 한다. 전철을 기다리면서도 최고의 스승과 만나는 축복을 매일 누리도록 하자.

<u>유리 천장</u>을 넘어서라

톡톡 튀는 벼룩을 비커에 담고 그 위를 덮으면 벼룩들은 어떻게 될까. 처음에는 유리 천장에 부딪혀 가며 튀어 오른다. 그러다가 온몸의 감각으로 유리 천장의 위치를 익히게 되며 나중에는 유리 천장에 부딪히지 않을 만큼만 튀어 오른다고 한다. 시간이 지나 비커를 덮고 있던 유리판을 치우더라도 벼룩들은 그 높이를 유지한다. 점프 실력이 부족해서가 아니다. 몸과 마음이 더 이상 뛰지 않기로 결정해 버렸기 때문이다.

우리나라의 대학생들에게 공통된 유리 천장은 12년 간의 정형화된 학교교

---

* 여학생 중에는 작고 예쁜 가방을 들고 싶어서 지갑과 핸드폰만 달랑 들고 다니는 학생이 더러 있다. 무지와 가난의 관성을 만드는 지름길이다. 작은 가방을 들고 싶거든 지갑 대신 작은 책을 넣어라.

육이다. 모범생이라는 굴레, 부모님의 가치판단, 어렸을 때부터 들어 왔던 말들, 방송의 보도, 그 시대의 관념 등 다양하기 그지없는 유리 천장들이 나를 둘러싸고 있다. 남들과 비교할 수 없는 탁월한 사람이 되기를 원한다면 이 틀 너머를 볼 수 있어야 한다.

실력이 부족해 꿈을 이루지 못하는 사람은 없다. 꿈을 이루는 과정에서 실력은 자연스럽게 늘어 간다. 대학생들에게 필요한 것은 많은 것을 읽고, 보고, 느끼고, 들으며 사고의 영역을 넓히는 것이다. 자신을 가두는 가장 무서운 장막은 보이지 않는 유리 천장이다. 어렸을 때부터 덜렁거린다는 말을 많이 들어 왔는가. 그 또한 유리 천장이다. '나는 원래 좀 덜렁거려.'라는 방어막 안에 안주하다 보니, 일을 대충대충 하려는 속성이 내 안에 자리 잡은 것뿐이다. 대기업에 취업하기 위해 필요하다는 영어 점수가 나오지 않아 스트레스를 받고 있는가. 그 또한 유리 천장이다.

사람의 능력과 재능은 자연스럽게 뻗어 나간다. 너무 많은 기준들을 세우지 말자. 대학생이 되는 순간, 정해진 시간표와 행동규칙이 없는 세상이 시작되었다. 내가 커 갈 수 있는 범위는 한정되어 있지 않으며 그것에 불안함을 느낄 필요는 없다.

20년 후의 내 모습으로 지금을 살아라

나는 20년 후에 어떤 사람이 되고 싶은가. 마흔이 넘었을 테니 어떤 분야에서든 베테랑이 되었을 테고, 얼굴에는 그간의 세월이 녹아든 인상이 자리 잡았을 것이다. 나의 성품은 어떨까. 내가 바라는 내 모습, 내가 꿈꾸는 내 인생은 이삼십 년 후 어느 날 뿅 하고 이루어지는 것이 아니다. 매 순간을 20년 후의 내가 살듯이 살아야 한다. 그 정성과 태도가 모여 내가 바라는 내가 만들어져 간다. 수업 시간에 15분짜리 발표를 하더라도 천여 명의 청중 앞에서 강의하듯 완벽하게 해내자. 친구들을 만날 때에도 사업 파트너를 만나듯 예의와 칭찬을 잃지 말아야 한다. 표정도 함부로 짓지 말 일이다. 20년 후의 나라면 아침에 눈을 뜨자마자 무엇을 할 것인가. 어떤 책들을 읽을 것인가. 내가 꿈꾸는 내 모습을 항상 떠올리자. 의도적으로 그 모습대로 살고자 애를 써야 한다. 그러면서 큰 성공을 담기 위한 큰 그릇을 가진 사람으로 성장할 것이다.

이것은 나를 이끌어 가는 삶의 기준이 된다는 점에서 다 큰 어른에게도 안정된 정서를 쌓게 해 준다. 꿈이란 희망 직업만을 뜻하지 않기 때문이다. 나의 생활과 인격을 모두 포함하는 것이다. 실천한 만큼 이루어지는 것이 꿈이다.

실천해 본 사람만 공감하는 조언

01 많은 책을 읽고 다양한 사람을 만나면서 생각의 폭을 넓히면 나도 몰랐던 유리 천장을 보는 눈이 생긴다. 내향적인 사람은 많은 책 읽기가 편하고, 외향적인 사람은 다양한 사람을 만나면서 생동감을 느낀다. 나에게 맞는 방법을 찾아보자.

02 지금 나의 모습은 지금까지 해 왔던 말과 행동의 산물이다. 20년 후의 내 모습은 어떠할 것인가.

03 성공을 가져오는 행동이 반복되면 그것들 사이에 관성이 생겨 점점 더 쉽게 실천할 수 있게 된다. 상대방을 웃게 하는 말, 수업 5분 전 강의실 도착 등, 당장 오늘부터 실천 가능한 항목을 만들자. 약속 시간에 철저한 사람이라는 신뢰를 얻게 될 것이다.

촉촉한 이야기 넷

반드시 성공하고 싶다면
'하고 싶은 일'을 택하라

성공에 영향을 미치는 결정적 변수는
선천적 재능이나 후천적인 양육환경이 아니다.
그것은 오직 자기 가치관에 따라 선택한 일,
즉 '하고 싶은 일을 했느냐'에 달려 있다*.

중산층 1,500명에게 사회생활의 첫발을 내디딜 때, 직업이나 직장 선택의 기준으로 삼은 것이 무엇이냐고 물었다. 그랬더니 83%인 1,245명이 "봉급 많고 승진 빠른 직장"이라고 대답했고, 17%인 255명만이 "하고 싶은 일" 즉 자신에게 가장 소중한 일을 선택했다고 대답했다. 그로부터 20년이 지난 후 확인해 보니 전체 1,500명 중에서 101명의 백만장자가 나왔다. 그런데 놀랍게도 101명 중 단 1명을 제외한 나머지 100명 모두가 '자신이 하고 싶은 일'을 선택한 17%에 속한 사람들이었다. 아이러니하게도 좀 더 빨리 부를 축적하기 위해 20년 동안 허리띠를 졸라매고 불편한 인간관계를 참아 내며 만족스럽지 않은 일을 해 온 83%의 사람들은 대부분이 보통 수준의 소득을 올리며 살고 있었다**.

---

* 시카고대학의 벤저민 볼룸 교수. 스포츠, 예술, 학문 등 다양한 분야에서 두각을 나타내는 120명의 성공 원인을 연구할 결과 이와 같은 결론을 내렸다.
** 강헌구(2008), 『가슴 뛰는 삶』, 서울: 쌤엔파커스, 53쪽.

'어떻게 하면 성공할 수 있을까. 어떻게 하면 큰돈을 벌 수 있을까. 나 정말 잘 살고 싶은데, 남들에게도 인정받으면서 행복하게 살고 싶은데 그 방법이 뭘까.' 하는 생각에 성공에 관한 많은 책을 읽던 시절이 있었다. 비전이니 열정이니 추상적인 단어들로만 꽉 차 있는 그들의 성공 이야기는 모두 비슷한 것 같았다.

'무엇이 이 사람들을 이토록 열정적이게 만들었을까. 그들의 표정과 언행에서 느껴지는 안정감은 어디서 나오는 것일까. 나도 저 사람들처럼 살고 싶다. 당당하면서도 겸손하게 여유와 감동으로 꽉 찬 삶을 살고 싶다.'

대학을 졸업하고 직장인이 되고 나서 나의 고민은 조금 더 구체화되었다.

'난 지금 뭐 하고 있나. 관심도 없는 마케팅 기획회의에 참여하고, 팀장이 쓴 영수증 처리하느라 퇴근도 못 하고 있으니, 이 회사를 왜 다니고 있나. 강의하고 책 쓰고 학생들을 만나 이야기를 나누는 일을 하고 싶은데 그 일은 어떻게 할 수 있을까. 월급? 이 월급 평생 모아도 부자 될 거 같지는 않은데, 어차피 없이 살 거, 월급 얼마 있으나 없으나 똑같지 않을까.'

1년이 넘는 고민을 하며 몸이 아프기도 했고 짜증이 돋아 마음이 아프기도 했다. 결국 회사에서 나와 내 일을 시작했다. 그리고 책을 쓰고 강의를 하고 사람들을 만나며 살고 있다. 이제야 알겠다. 왜 그토록 사람들이 "하고 싶은 일을 해야 성공할 수 있다."고 외치는지를.

대학생들의 머릿속은 아마 연봉 많이 주는 안정적인 회사에 취업하겠다는 생각으로 꽉 차 있을 것이다. 대기업에 들어가 새 차를 뽑은 선배 이야기, 첫 월급으로 부모님 해외 여행을 보내 드린 친구 이야기를 들을 때마다 빨리 졸업해서 돈 벌어야겠다는 생각이 절로 날 것이다. 아침마다 만 원씩 받아들고 전철을 타는 내 모습은 얼마나 궁색한가. 그렇게 취직하는 사람들이 대부분이다. 앞의 연구에서도 83%에 해당한다고 했다. 그러나 내가 생각하는 성공이 평범한 직장생활이 아니라면 다시 생각해야 한다.

내가 하고 싶은 일을 할 때의 편안함은 나의 표정과 말투를 바꾼다. 내 일을 만들어 가는 아이디어는 잠자리에 누웠다가도 벌떡 일어나게 만든다. 이 에너지를 모두 누리고 사니 성공을 할 수밖에 없다. 일상이 행복할 수밖에 없다.

앞으로 남은 50년의 인생을 무엇으로 채울 것인가. 세상에 발을 내놓으며 택해야 할 것은 '하고 싶은 일'이다. 하고 싶은 일에서 많은 돈을 벌 수 없다면 한두 가지의 아르바이트와 함께 이어 나갈 것을 권한다. 돈벌이를 위해 하고 싶은 일을 포기하고 높은 월급의 직장만을 찾는 것은 성공을 위한 선택이 아니다.

내가 무엇을 원하는지 마음속에서 울리는 신호대로 움직여라. 그것이 성공을 향한 가장 빠른 길이다.

마치는 말
할 수 있다, 걱정 말자

곤충학자 장 앙리 파브르는 날벌레의 생태를 주의 깊게 관찰하던 중 매우 중요한 사실을 발견했다. 날벌레는 아무런 목적도 없이 무턱대고 앞에서 날고 있는 놈만 따라서 빙빙 난다는 것이다. 바로 밑에다 먹을 것을 가져다 놓아도 거들떠보지도 않고 계속 돌기만 한다. 이렇게 무턱대고 7일 동안이나 계속해서 돌던 날벌레들은 결국 굶어서 죽어간다.

비슷한 예로, 미국 양로원 노인들의 사망률은 생일이나 공휴일 후에 급증한다고 한다. 대부분의 노인들이 크리스마스나 생일 등을 목표로 정하고 그날을 멋지게 보내기 위한 계획을 세우는데, 막상 그날이 지나면 삶의 의지가 약화되기 때문이라는 것이다. 통계 자료에 따르면 아무런 목표도 없이 날벌레 같은 모습으로 살아가는 사람이 전체 인류의 87%에 이른다고 한다.

이 시대의 대학생들은 어떨까. 그나마 우수해 보이는 사람을 따라 토익 공부를 하고 자격증을 따고 언어연수를 가고 취업을 하며 빙빙 돌다가 인생의 깊이나 성공에 필요한 지혜는 거들떠보지도 않다가 정신적으로 아사하는 모습은 아닐지.

괜한 불안증을 느끼지 말기 바란다. '간지나게' 살고 싶은 우리의 욕망은 충분히 이루어질 수 있다. 어른들의 세상은 남보다 잘해서 잘한 만큼 성공을 누리는 세상이 아니다. 남다른 데가 있고, 그래서 그만큼 남들이 누리지 못하는 성공을 누리는 세상이다. 남과 다른 것은 나의 흥미요 소질이고, 남과 다르다는 데서 비롯한 불안감을 실천하는 보람으로 이기는 사람만이 얻을 수 있는 것이 성공이다.

내가 원하는 나의 삶은 어떤 것인가. 대학 시절은 그 소망이 시작되는 시기이다. 나의 전문성을 위해 그 분야의 모든 책을 읽겠다는 각오도 필요하고, 내가 원하는 길을 조용히 걸어갈 용기도 필요하다. 부모님의 반대가 있더라도, 친구들이 멀어지더라도, 내가 그린 미래의 그림대로 살아갈 수 있어야 한다.

소심해지지 말자. 우리의 꿈은 '대기업 입사'보다 훨씬 커야 한다. 나에게 주어진 매일의 시간을 알차게 쓰며 보람을 맛보자. 수업마다 예·복습을 철저히 하고, 그래서 수업에 더욱 집중하게 되는 선순환을 체험하자. 나의 발표에 교수님과 친구들이 몰입되는 짜릿함을 느껴 보자. 성공적인 대학생활은 분명 나를 현명하게 만들며, 그렇게 강해진 사람은 어디에 갖다 놓아도 보람과 선순환과 짜릿함을 경험하며 성공에 다가선다.

할 수 있다. 걱정 말자.
다시 한 번 말하지만, 할 수 있다.
매일 벅찬 감동으로 하루하루를 채워 나가기 바란다.
내가 만들어 내는 생기, 내가 만드는 능동성으로
보화 같은 대학생활을 이끌어 나가기 바란다.
배울 자가 준비되면 스승은 나타나는 법이다.
삶의 구석구석에서 진리들을 배우며
멋진 성장을 해 가며 살기를 진심으로 응원한다.

덤으로 주는 책

대학생의
고.민. BEST 10

대학생들은 어떤 고민으로 속을 끓일까. 한 조사에 따르면 대학생들이 평소에 고민하는 주요한 문제는 학업 23.0%, 진로 및 적성 19.4%, 학자금 및 경제문제 13.9%, 대인 관계 12.9%, 이성 관계 및 성 문제 8.8%, 성격 7.7%, 외모 6.6%의 순으로 나타났다. 자료마다 순위의 차이가 있기는 하지만 대학생들의 고민은 학점, 진로, 인간관계, 돈, 연애 등으로 요약해 볼 수 있다.

부록에서는 대학생들의 고민을 사례로 담아 보았다. 비슷하지만 모두 다른 고민들. 친구들의 고민에 나의 고민을 비추어 보자. 여러 가지 고민을 한꺼번에 안고 살아가는 것이 자연스러우니, 대학생이라면 열 가지 이야기에 모두 공감할 수 있을 것이다. 나만 힘든 것이 아니구나 하는 위로도 받을 수 있을 것이다.

1 전공이 적성에 맞지 않습니다

행정학과 2학년인 소연이는 중학교 때부터 공무원이 되려고 했다.

"부모님이 권하시기도 했고, 아버지가 공무원이라서 생활하는 거나 뭐, 다 괜찮다고 생각했어요. 고등학교 입학해서 상담을 하는데, 공무원이 되고 싶다고 하니까 선생님께서 행정학과에 가면 여러모로 도움이 많이 될 거라고 하셨어요."

소연이는 그렇게 행정학과에 진학했다. 대학에 오고 나서 소연이는 방황만 했다. 도대체 공부하기가 싫고, 이런 걸 왜 배우나 싶다.

"내가 왜 공무원이 되려고 하는지 모르겠어요. 저는 사회문제에 관심도 없거든요. 지루하고 딱딱한 거 싫어해요. 전공 책을 보면 가슴이 답답해져요. 이걸 어떻게 4년 동안 공부하나 싶고요. 수업 시간에는 아무 생각도 없지요. 그냥 딴 책 읽다 나와요."

어느 한 명의 사례를 골라내기 어려울 만큼 많은 학생들이 고민하는 주제이다. 대학 공부에 대한 사전지식이 전혀 없이 대학생이 되는 우리나라의 교육체계의 약점이 그대로 묻어나는 고민이다. 희망 전공을 일찌감치 정한 학생에게도 학문과 실제의 괴리는 어쩔 수 없는 것이어서, 학생들의 갈등은 줄지 않는다. 대학교육 무용론과도 연결되는 고민이기도 하다.

 소연이와 같은 학생에게 필요한 것은 진로에 대한 진지한 고민이다. 진로에 대한 답답함이 전공 공부에 대한 짜증으로 전이되는 것이다. 전공을 바꾸고 싶더라도 재수나 편입보다는 다니고 있는 학교에서 복수전공, 부전공을 하는 것이 시간 낭비를 줄일 수 있다. 어차피 대학 공부는 현실적이지 않다. 전공이 무엇이든 괴리는 존재하기 마련이다. 조심해야 할 것은 '그냥 자퇴하고 내가 하고 싶은 거 할래요.'라는 생각이다. 전공 수업이 힘들다면 필수과목만으로 최소한의 학점으로 수강신청을 하고 청강한다는 생각으로 수업을 듣자. 전공 책 읽는 것은 어렵더라도 교수님의 강의는 그럭저럭 들을 만할 것이다. 점수와 숙제에 대한 부담을 내려놓으면 배움의 기쁨을 누릴 수 있다.

 지금은 전혀 쓸모없는 공부 같겠지만, 실력이 늘어날수록 궁극에는 모든 논리가 연결되는 것이 지식이다. 지금의 공부는 내가 어떤 분야의 일을 하게 되더라도 도움이 된다. 특히 행정학이라면 더욱 그렇다.

2 내 성격이 너무 싫어요

　내향적이고 소심한 학생들은 자신의 그러한 성격을 싫어한다. 사람들 앞에서 이야기도 잘 못 하고 친구도 못 사귀고 뭐 하고 싶은 것도 없는 자신이 싫은 것이다. 윤이도 그랬다. 전공인 영문학은 원어민 교수가 들어오는 회화 수업도 있고, 작품을 읽고 감상을 이야기하는 일이 다반사이다. 윤이에게는 모든 수업이 버거웠다.

> "남자 친구도 못 사귈 것 같아요. 마음에 드는 사람이 있어도 그냥 혼자 생각하고 말아요. 그 사람이 날 좋아할 리도 없고."

　윤이와 같은 학생들의 진짜 문제는 성격이 아니라 낮은 자존감이다. 내향형의 사람들은 일반적으로 목소리가 작다. 사람들 앞에서 말을 할 때에도 외향형의 자신감 넘치는 큰 목소리에 비하면 주목을 끌기 어렵다. 혹시 상대방이 "뭐라고?"라고 되물으면 무안해서 금방 얼굴이 달아오르기도 한다. 그런 경험이 몇 번 반복되면 말을 하지 않으려 한다. 그러나 별 문제는 아니다. 내 목소리가 작다는 것뿐이다. 발표를 해야 한다면 "목소리가 작으니 귀 기울여 잘 들어 주십시오."라고 양해를 구하는 센스를 발휘하자. 부정적인 생각으로 나를 짓누르지만 않으면 된다.

　수업에 스트레스가 많았던 윤이는 결국 휴학을 하고 어머니의 권유에 따라 편의점과 커피숍에서 아르바이트를 했다. 함께 일하는 사람과 친해진 것도 있고 손님들에게는 친절하게 안내도 해야 하고 해서, 학교 다닐 때보다 생기가 있어 보였다. 윤이가 성장할 수 있는 또 다른 통로는 책이었다. 많은 친구를 만나는 대신 책을 읽고 서서히 생각을 키워 나갈 수 있었다.

　대학생활은 활발하고 적극적인 학생에게 유리한 것처럼 보일 수 있다. 그 북적거림 속에서 답답해하는 학생들은 뭐 하나 제대로 해내지 못하는 자신의 성격을 싫어하게 되는데 특히 1, 2학년들 중에 그런 고민 가진 학생이 많다. 우르르 몰려다니는 친구는 피곤하다. 단짝친구 한명이면 대학생활을 즐겁게 할 수 있으니 걱정 말자. 시끄러운 동아리 활동 대신 많은 책을 읽으며 내면의 힘을 키우자. 생각을 열고 마음을 열면 나를 사랑하는 마음이 피어날 것이다.

3 이성 교제의 상처가 너무 큽니다

호진이는 얼마 전에 과 후배였던 여자 친구와 헤어졌다. 여자 친구가 같은 과 다른 선배와 만나고 있었던 것이다. 자신을 속인 여자 친구에 대한 배신감과 선배에 대한 분노 때문에 한동안은 술만 퍼마시며 살았다.

"학교를 갈 수가 없었어요. 둘은 아무렇지도 않은데 저만 이러고 있는 거 같아서 진짜 비참하고요. 뭐 저런 것들이 다 있나 싶기도 해요."

호진이의 문제는 정상적인 학교생활이 어려울 정도로 스트레스가 심하다는 것이었다. 이 경우 남학생들은 군대를 택한다. 어차피 가야 할 군대이기도 하고 학교생활 망치며 시간 죽이는 것이 의미 없기 때문이다. 군에 있는 동안에 여자 친구는 졸업을 하고 선배는 대학원에 진학했다. 전역 후 학교로 돌아왔을 때 여자 친구와 선배는 헤어져 있었지만 호진이는 연락을 하지 않았다.

"그냥 아무 느낌 없었어요. 한번 보긴 했는데, 그냥 뭐, 인사만 하고 말았어요."

이성 친구와의 관계는 매우 강한 감정을 동반한다. 따라서 그 상처는 후유증도 크고 파괴력도 크다. 호진이의 예처럼 시간이 지나면서 자연스럽게 해결되는 경우가 가장 많지만 폭식증, 임신, 정신이상 등 심각한 문제로 발전하기도 한다. 특히 여학생들은 성관계에 대한 고민이 많다. 이성 교제란 사랑하는 마음과 책임이라는 어울리지 않는 숙제를 함께 해결해야 하는 난해한 과제이다. 어른이 된다는 것은, 그토록 바라던 독립과 자유를 누린다는 것은 이와 같은 과제를 해결할 능력을 가진다는 것을 의미한다.

대학 시절은 인생에서 가장 아름다운 청춘의 때이다. 사랑에 빠지는 것 또한 인생에서 빼놓을 수 없는 행복함이다. 이별의 상처와 충격은 시간으로 치유해야 흉터가 남지 않는다. 분노는 내가 만드는 상처다. 부정적인 에너지는 끊어 내자. 현명함과 신중함으로 이성 교제의 행복을 누리길 바란다.

4 고시 공부의 수렁

근이가 고시 공부를 처음 시작한 것은 대학 1학년 때인 3년 전이었다. 어차피 대학 다니며 공부를 해야 한다면, 노후가 보장되지도 않는 직장을 위해 취업 준비를 하느니 1학년 때부터 고시 공부를 시작하면 졸업할 때쯤이면 합격을 할 수 있을 것 같았기 때문이다.

"처음에는 아버지의 권유가 있었어요. 아버지 이야기를 들으니 영어 공부, 자격증 공부하느라 힘 빼느니 고시 공부하는 게 낫겠더라고요. 그렇게 공부를 시작해서 처음 한 번은 뭐 경험삼아 본다 치고, 두 번째 시험도 떨어졌어요. 전공 공부는 완전 포기했어요. 군대 미뤄야 하니까 휴학, 복학하면서 공부했지요."

근이는 매일 하루에 10시간 이상 공부를 했다. 도서관에 가장 일찍 가서 가장 늦게 나오기로 스스로 약속을 했고, 1학년 때부터 집과 도서관만 오가다 보니 친구도 없다. 아침에 일찍 일어나 도서관에 가서 10시간을 채우고 돌아오는 것이 일상이었다.

"1차 시험만이라도 붙어야 하는데 계속 떨어지니까 부모님 보기도 죄송스럽고, 이미 시작한 공부를 그만둘 수도 없잖아요."

고시 공부가 오래 지속되면 타성에 빠지기 쉽다. 긴장감도 무뎌진다. 학생들의 고민이 커지는 시기는 2~3년이 지나갈 무렵이다. 공부를 그만둔다는 결정을 하는 학생은 아이러니하게도 열심히 공부한 학생이다. 할 수 있는 만큼 다 해 보니 더 이상 할 마음이 안 생긴다는 것을 확실히 알 수 있는 것이다. 부모님의 강한 권유로 공부를 시작한 학생은 보란 듯이 2~3년을 하고는 미련 없이 돌아서기도 한다. 고시 공부를 계속하려거든 '앞으로 1차 시험을 두 번만 더 본다. 두 번 안에 합격하지 못하면 학교로 돌아가 전공 공부로 진로를 준비한다.'는 식으로 종료기한을 정해 두어야 한다. 그렇지 않으면 '직업 고시생'이 되어 버릴 수도 있다. 나른한 공부에 익숙해진 일상을 끊어 내기 위해 군대에 다녀와서 다시 공부를 시작하는 것도 좋은 방법이다.

취업난으로 고시 공부를 하는 학생들이 늘어나고 있다. 그러나 사법연수원 졸업생들도 취업난을 겪는 세상이다. 고시가 내 인생의 모든 것을 해결해 주지는 않는다. 내가 고시를 택했다면 반드시 합격을 하겠다는 집중력이 필요하다. 타성적으로 공부하는 일상에 눌러앉지 말자.

5 졸업하고 노는 것보다 휴학하는 게 낫지 않을까요?

초중고등학교 12년에 이어 대학교까지 다닌 학생들은 학생이 아닌 다른 신분이 된다는 것을 이상해한다. 재학 중에 취업이 확정되지 않은 대다수의 학생들은 휴학을 하거나 대학원에 진학하거나 어학연수를 떠나는 식으로 학생 신분을 연장한다.

"회사에 들어가기는 정말 싫어요. 제가 아직도 세상 무서운 줄 모르고 꿈만 꾸는 건지……. 제가 하고 싶은 일 하고 싶거든요."
"그게 뭔데?"
"잘 모르겠어요. 지금은 영어 공부도 좀 하고 싶고 책도 읽고 싶고 그래요. 졸업하면 완전 눈칫밥 먹고 살아야 되잖아요."

4학년이 되었다고 해서 진로에 대한 명확한 계획이 저절로 생겨나는 것은 아니다. 그러니 취업에 대한 열정이 없다 해서 이상할 것도 없고, 무엇을 해야 할지 명확하지 않다고 해서 죄책감을 느낄 필요도 없다. 우리나라 대학생들은 내가 원하는 것을 진지하게 실천해 볼 만한 자존감을 키우지 못했다. 이러한 대학생들에게 '밥 먹여 주고 재워 줄 부모님이 있으니 속 편한 휴학 타령이다.'라고 비난할 것만은 아니다. 학생들은 진심으로 자신이 원하는 것이 무엇인지 고민하고 있으며, 최고의 인생을 만들고 싶어 애를 쓴다.

졸업을 하든 휴학을 하든 어느 쪽이 더 나을 것도 없다. 내가 원하는 일을 하면서, 사회에 나가기까지 불확실성이 지배하는 기간을 어떠한 태도로 견디느냐가 중요하다. 집에 있는 것이 눈치 보인다면 휴학을 하고 도서관에 가서 읽고 싶었던 책을 읽고, 하고 싶었던 영어 공부를 하자. 그 어떤 걱정도 말고 몰입해서 하자. 에디슨은 초등학교에서 쫓겨난 이후 자신의 고향인 디트로이트 시의 도서관에 있는 책을 모두 읽었다. 분야를 초월한 방대한 지식은 머릿속에 쌓이면서 어느 순간 폭발하기 마련이다. 어떤 분야든 내가 관심을 가진 분야의 책을 한 권도 빼놓지 말고 읽어 보라. 전문가의 통찰력을 얻게 될 것이다. 영어 공부는 그 통찰의 산물을 표현해 내는 막강한 도구가 된다.

우선 내 마음이 끌리는 일들을 실천하는 것이 중요하다. 휴학과 졸업에 대한 고민은 내가 집중해야 할 것들에 집중하지 못해서 느끼게 되는 혼란일 뿐이다.

6 동아리 활동으로
   탈진할 지경입니다

    정헌이는 최상위권의 성적을 유지하며 고등학교 3년을 보냈다. 정헌이의 성적표는 부모님과 선생님의 기대를 만족시키기에 충분했다. 공부만 하며 지내 온 정헌이는 대학에 입학하자 고등학교 때와는 다르게 살아 보리라 마음먹었다. 신입생 오리엔테이션에서 마음을 사로잡은 응원단에 제일 먼저 가입했다. 검도부, 연극부에도 들었고 중국어 공부를 위한 스터디 모임에도 참여하기 시작했다. 과대표를 선출할 때에는 나서는 사람이 아무도 없자 번쩍 손을 들어 과대표가 되기도 했다. '이런 게 대학 생활이구나.' 하는 마음에 정헌이는 신이 나서 뛰어다녔다. 모든 모임에 열심히 참석했다. 하루에 두 번 세 번씩 술자리에 가는 날도 있었다.

    "1학년 때는 신입생이니까 열심히 모임에 나가기만 해도 배우는 것도 많고 재밌었는데, 2학년이 되면서부터는 맡는 일이 생기잖아요. 엠티 가거나 신입생들 챙기는 거, 행사 있을 때마다 연락하는 거……. 과대표니까 학과 홈페이지도 관리해야 하고요. 교수님들마다 전달사항 있으면 그것도 해결해야 하고. 요즘은 모임마다 얼굴 내밀고 빠져나오기도 바빠요."

늦은 귀가와 잦은 술 냄새에 부모님은 크게 화를 내셨다. 정현이의 스트레스는 축제를 준비하면서 최고조에 달했다. 축제 때는 각 동아리의 발표, 공연들이 있게 마련인데, 모든 동아리의 준비에 다 참여할 수는 없었기 때문이다.

"다들 밤새워 연습해요. 축제 전부터 선배들이 저를 두고 넌 뭐냐고 막 그랬거든요."

결국, 가장 먼저 가입을 했던 응원단 연습에만 참여했다. 축제를 마치자 정현이는 이전처럼 동아리 모임에 나갈 수가 없었다. 정현이에게는 무책임하고 불성실하다는 꼬리표가 붙었다. 2년 동안의 성적표는 부모님과 교수님의 기대를 저버리기에 충분했다.

해 보고 싶었던 일을 마음껏 한다는 것은 그만큼의 책임을 수반하는 일이다. 동아리 활동은 진지하고 열정적이어야 한다. 함께 모이는 사람들과 마음을 여는 대화를 하고 같은 활동을 하면서 소통하는 기쁨을 누려야 하는 것이다. 그러니 단지 '하고 싶은 것 하며 신나게 살고 싶다.'는 어린애 같은 충동으로 이것저것 저지를 일이 아니다. 정현이는 동아리 활동을 통해 '어른으로서의 삶'이 무엇인지 체험한 것이다.

학과 공부와 아르바이트, 연애를 하며 지내는 대학생들에게 동아리 활동은 한 가지만 참여해도 바쁘다. 나 혼자 해내는 일이 아니니 내 뜻대로 동아리의 일이 돌아가지 않는 것도 당연하다. 20년 동안 모범생으로 살며 나를 지배해 왔던 완벽주의가 나를 더 피곤하게 만들 수도 있다. 실력이 부족해도 사람들과 어울리며 느리게 배우는 여유가 필요하다. 모든 모임에 빠지지 않고 참여해야 한다는 '개근증후근'은 또 어떤가. 같은 활동을 함께하는 사람들과의 독특한 공감대가 중요하다.

3학년이 되면 서서히 동아리 활동의 주류에서 밀려나게 된다. 정헌이도 자연스럽게 그렇게 동아리 활동에서 빠지게 되었다. 그래도 축제나 신입생 선발 등 중요한 일이 있을 때에는 자신이 활동했던 동아리들에 들르며 후배들의 간식을 챙긴다. 철없던 시절 자신이 다하지 못했던 책임에 대한 아쉬움이 동아리방을 찾게 만드는 것이다. 군 입대나 휴학 등으로 동아리를 나 몰라라 방치하는 다른 선배들이 얼마나 많은가. 후배들은 다른 선배들보다 정헌이를 좋아한다.

동아리 활동은 분명 대학생활을 풍요롭게 한다. 바쁘고 힘든 만큼 배우는 것도 많으며 당장 입사 지원서에 리더십이니 그룹 활동이니 해 가며 쓸 말도 많아진다. 나를 키우는 활동이니 나의 책임이 생기는 것도 당연하나, 모두 다 바쁜 중에 참여하는 일이니 자기관리만 잘하면 크게 어려울 것도 없다. 함께 모이는 사람들과 마음 나누는 일을 소중히 여긴다면 무책임이니 불성실이니 괜한 소문이 나돌 일도 없다. 잘해야 하고 다 해야 하고 완성해야 한다는 완벽주의로 나를 괴롭히지 않는다면 더욱 즐거울 것이다.

7 학교 다니는 데 돈이 너무 많이 듭니다

등록금을 모두 부모님이 내 주신다고 해도 대학생들은 용돈 쓸 일이 많다. 친구들도 만나야 하고 이런 저런 모임에 회비도 내야 한다. 수업 때마다 복사실에 맡겨진 자료를 사야 할 때도 있으며, 밥을 먹고 나서 밥값보다 비싼 커피를 마실 때도 있다. 송미는 그 부담 때문에 휴학까지 했다.

"1학년 때는 선배들이 밥도 사 주고 술도 사 주고 해서 돈이 부족하지는 않았거든요. 얻어먹으면서도 선배들이 돈을 왜 저렇게 많이 쓰나, 나도 내년에는 저렇게 놀을 써야 하나 싶은 생각이 들었어요. 2학년 올라갈 무렵에 신입생들 OT모임에 갔었는데, 신입생들 술 사 줘야 한다고 동기들이 돈을 걷었어요. 만 원씩 걷었는데 저는 몇천 원밖에 없었거든요. 친구들한테 미안하기도 하고 부끄럽기도 했어요."

송미는 차비와 점심 값으로 하루에 만 원씩 받고 있었다. 조금씩 남은 용돈을 모아 가끔 친구들과 영화를 보는 정도 외에는 여윳돈이 있을 리 없었다. 새 학기가 시작되자 송미의 부담은 더욱 커졌다.

"점심때마다 동아리 후배나 학과 후배들 밥 사 줘야 할 일이 생기더라고요. 일부러 혼자 밥 먹는 날이 많아졌어요. 새 학기 되니까 엄마한테 책값도 받았는데 절반 정도는 딴 데 썼어요. 일주일 용돈을 한 번에 주시기도 하는데 어떤 날은 학교 갈 차비도 없어서 그냥 수업 없다고 집에 있었던 적도 있어요."

대학생활이 큰 부담으로 느껴진 송미는 결국 2학년 1학기를 마치고 휴학을 했다. 등록금과 용돈을 부모님께 받는 경우에도 돈 문제에 대한 고민이 이렇게 크다. 하물며, 등록금을 내 손으로 벌어야 하는 학생이라면 더욱 힘들 것이다.

후배들 밥 사 주는 것이 선배 노릇이라는 분위기가 부담스럽더라도 지혜로워야 한다. 후배들을 만날 때마다 반갑게 인사하는 것은 돈이 들지 않는다. 한두 명과 함께 있을 때 자판기 음료를 하나씩 사주는 것으로도 충분하다. 꼭 밥을 먹어야 하는가. 동아리 모임이 끝났거나 중요한 행사가 끝났을 때는 함께 모이는 식사 자리가 벌어지기도 한다. 선배라서 식사 자리를 주도해야 하는 입장이라면 각자 밥값을 내자고 제안을 해 보자. 친구들도 좋아할 것이다.

밥 먹고 차 마시는 데 쓰는 돈은 줄이자. 일주일에 2~3번은 혼자 밥을 먹는 것도 괜찮다. 빨리 식사를 마칠 수 있고, 책을 읽으며 여유 시간을 즐길 수도 있다. 학교생활뿐이겠는가. 직장에서도 사회에서도 한 살 씩 나이가 더 들수록 돈 씀씀이가 그만큼 커진다. 아르바이트를 시작해 보자. 나에게 필요한 만큼 일을 하는 것은 스무살 넘은 젊은이의 당연한 몫이다.

8 학과 수업을
따라갈 수가 없습니다

고등학교 때와는 차원이 다른 공부. 다희는 수업을 알아들을 수가 없었다. 도서관에 자리를 잡고 교재를 읽어 보려고 해도 도대체 무슨 말인지 모르겠다. 분명 우리말로 쓰인 책인데 의미가 와 닿지 않는 것이다. 단어를 하나씩 곱씹어 보기도 하고, 영어 독해를 하듯 주어·동사에 밑줄을 그어 가며 읽어 보아도 도무지 이해가 되지 않는다.

"시험을 봐야 하는데 시험 범위까지 교재를 한 번 읽기도 어렵더라고요. 논술형으로 다 써야 하니까 목차라도 외워 가려고 했는데, 단어들이 생소하니까 눈에 들어오지 않아요."

결국, 다희는 깨알만한 글씨로 커닝페이퍼를 만들었다. 지우개 둘레를 커닝페이퍼로 돌리고 투명테이프로 깔끔하게 붙여서 자연스럽게 감독관의 눈을 피했다.

수업을 따라갈 수 없다면 예습보다 복습을 하는 것이 좋다. 수업에서 다룬 내용이 교재의 어디쯤 나오는지 찾아보는 것만 해도 엄청난 공부다.

목표는 교재 이해가 아니라 수업 이해여야 한다. 수업 시간에 배운 내용을 완전하게 이해하기 위해, 교재는 필요한 부분만 골라 가며 읽는 것이 수월하다. 시험을 논술형으로 본다면 복습한 내용을 수업의 흐름에 따라 시험지 답안을 쓰듯 목차를 나누어 정리해 보자. 내가 이해한 것을 문장으로 작성하는 데 익숙해질 것이다. 3학점짜리 전공 수업이라면 일주일에 한 번 세 시간 수업, 또는 2시간과 1시간 주 2회 수업이 이루어진다. 매번 수업이 끝나면 다음 수업이 돌아오기 전에 위와 같은 방법으로 복습하자.

누구나 전공 공부를 처음 시작할 때에는 '난 바보인가?'를 진지하게 고민한다. 한글로 된 책을 읽으면서도 이해하지 못하니 그럴 만도 하다. 그렇다고 해서 전공이 적성에 맞지 않는다고 의미를 확대해석할 필요는 없다. 처음 하는 공부이니 당연하다. 매일 수업을 복습하고 열심히 찾아 읽는 노력을 하자. 한 학기만 그렇게 보내도 다음 학기의 복습 시간은 훨씬 줄어든다. 다음 학기에는 수업이 이해될 것이다.

9 학교생활이 심심합니다

채성이는 학교생활이 재미없다.

"수업이 늦게 있는 날도 아침에 집에 있으면 아버지가 학교 안 가냐고 물어보거든요. 눈치 보여서 학교에 좀 일찍 오면 갈 데가 없어요. 과방에 들르면 애들이 좀 있고 대충 인사하고 나와요. 과사무실 옆에 뭐 공지사항 붙은 거 있나 보다가 그냥 강의실로 들어가요. 수업 끝나면 그냥 집에 들어가기에 좀 이르거든요. 도서관에 갈까 해서 가 보면 고시생들이랑 취업 준비하는 사람들 때문에 꽉 차 있고, 답답해서 좀 있다 나와요."
"친구들은?"
"대학 친구들은 그냥 그래요. 동아리 활동 같은 것도 안 하고 학과 행사도 그냥 대충 참여하고 하니까. 얼굴하고 이름 아는 정도? 인사는 하는데 만날 붙어 다니지는 않아요. 오히려 고등학교 친구들을 더 많이 만나요."

개인주의 생활 리듬이 대학 안에도 자연스럽게 스며들었다. 학생들은 이어폰 꽂고 캠퍼스를 혼자 걸어 다니며 수업도 과제도 혼자 한다. 어떤 학생은 그룹 과제가 있는 수업은 귀찮다며 수강신청을 안 하기도 한다. 각자의 생활이 다르니 학교 안에서 마음이 통하는 친구가 없는 것도 이상한 일이 아니다. 나를 풍요롭게 하는 친구란 내가 능동성을 가지고 참여하는 일에서 생겨나기 때문이다. 학교생활이 그저 그런 것도 마찬가지다. 내 일상 중 학교생활에 쏟아붓는 능동성이 그저 그렇기 때문이다.

　대학생은 꼭 학교에서 재미를 느끼지 않아도 된다. 내 일상의 어느 부분에든 나의 능동성을 담을 수 있다면 그것에서 보람을 느끼고 성장할 수 있다. 학교 공부보다 따로 배우는 일본어가 더욱 재미있다면 내 생활에 활력을 주는 곳은 일본어 학원이 될 것이고, 그곳의 친구들이 더욱 친근할 것이다. 아르바이트를 하며 세상을 배우는 학생은 수업이 일찍 끝나는 날 아르바이트를 위해 서둘러 돌아가는 발걸음이 즐거울 것이고, 그곳에서 만난 친구와 선배들이 나의 인맥이 된다.

　대학생활은 나를 만들어 가는 생활이다. 내가 재미를 느낄 만한 무언가를 발견하는 것도 나의 몫이다. 잃어버렸던 나의 능동성을 되찾자.

10 취업이 두렵습니다

4학년 주연이는 졸업을 앞두고 고민이 많다. 한 학기가 남았기는 하지만, 한 과목만 이수하면 끝이라 학교를 거의 가지 않아도 된다. 취업을 한 친구들은 보고서로 수업을 대체하고 수업 출석을 면제받기도 한다.

"학점, 영어, 자격증, 어느 하나 뾰족한 게 없어요. 지금 전공은 경영학인데 취업을 한다면 마케팅이나 영업관리, 뭐 이런 부서에 지원을 하잖아요. 하면 뭐, 하겠지만 내가 그 일을 하고 싶어 하는지 모르겠어요. 고등학교 때는 미대를 가려고 그림을 그렸었거든요. 그런데 원서 넣고 어떻게 하다 보니까 그냥 경영학과에 들어오게 된 거예요. 요즘도 혼자 있을 때는 그림 그리기도 하고, 미련이 좀 남아요. 좋아하지도 않는 일을 하느라고 취업을 준비한다는 게 찜찜하기도 하고요."

사람은 자신이 좋아하는 일을 해야 가장 큰 에너지가 나오는 법이다.

"그럼 그림을 그리는 일을 하면 되잖아."
"하고 싶기도 한데 어떻게 해야 그런 일을 할 수 있을지 모르겠어요. 전공도 아니니까 더 불리할 거고요. 미술 전공한 애들은 중고등학교 때부터 대학 졸업할 때까지 계속했을 테니까 저보다 훨씬 잘할 텐데 지금 다시 한다는 게 맞는지도 모르겠고요."

취업이 두렵거나 하기 싫은 학생들은 대부분이 지금의 전공에 큰 흥미가 없는 학생들이다. 입사지원서에 자신의 전공을 적고 그 전공과 관련된 부서를 적고, 또 자기소개서에는 어떤 일을 하고 싶은지 앞으로 어떤 분야의 전문가가 되고 싶은지 적어야 하는 것부터 좀처럼 내키지 않는 일이다.

"4년 동안 미대에 있었던 애들이라고 너랑 뭐가 다르겠니? 그림 그리는 아르바이트를 조금 쉽게 구하는 정도? 서양미술을 전공했다고 해서 서양미술 하면서 사는 사람은 아무도 없어. 결국 자기가 그리고 싶은 그림은 본인만 아는 거야. 노력도 혼자 해야 하는 일이고. 전공을 한 친구들도 졸업 앞두고 너랑 똑같이 고민해. 이 그림을 계속 그려야 하나 그냥 일반 기업에 취업해야 하나 고민하겠지. 마음속에 하고 싶다는 생각이 있다면 그것만으로도 앞서 있는 거야. 우선 예쁜 글씨 쓰기나 일러스트, 공예 같은 분야의 자격증들을 알아봐. 자격증을 따면 미술 전공이 아니더라도 자격증으로 작은 일들을 시작할 수 있으니까. 자격증 준비를 하면서 경영학 공부할 때보다 즐겁겠지. 그러면 그 즐거움으로 또 다음 단계를 나갈 수 있는 거야."
"하다가 또 막막하고 하기 싫어질 수도 있잖아요."
"하다가 하기 싫어지면 그만 하면 되는 거야."
"그럼 괜히 시간 낭비잖아요."

"아니야. 안 해 보고 안 하는 것과 해 보고 안 하는 것은 달라. 마음속에 찜찜함이 없다는 것. 이게 얼마나 나를 자신 있게 만드는지 몰라."

주연이의 표정은 경영학을 이야기할 때보다 그림을 이야기할 때가 훨씬 편안해 보였다. 그림을 그린다면 하다가 싫어지는 일은 없을 것 같았다. 분명히, 하다 보면 내 일 같은 느낌이 들 터였다.

대학생들은 빨리 돈을 벌고 싶어 한다. 어른들처럼 더러운 세상에 대한 상처도 많지 않으니 세상에 나가기 싫어하지도 않는다. 그런데도 취업이 싫다면 왜 싫은지 자신에게 물어보자. 취업 말고 다른 것을 하고 싶은 마음이 있지는 않은가. 부모님이 펄쩍 뛰실까 봐 차마 말도 못하는 무엇이 있지는 않은가. 졸업 후 1~2년은 유예기간이다. 그 기간이 이력서에 비어 있다고 뭐라 할 면접관도 없으며, 그 기간 동안 놀지 않고 바로 취업한다 해서 떼돈 버는 것도 아니다. 내가 하고 싶은 일, 아주 작은 도전을 시작해 보자. 마지막 기회일지 모른다.

편하게 읽고 깊게 생각하기
저자가 추천하는 책들

『감시와 처벌』(미셸 푸코), 『과학혁명의 구조』(토머스 새뮤얼 쿤), 『국가』(플라톤), 『이중나선』(제임스 왓슨), 『나르치스와 골드문트』(헤르만 헤세), 『부분과 전체』(하이젠베르크), 『불황의 경제학』(폴 크루그먼), 『이분법을 넘어서』(장회익·최종덕)…….

한국간행물윤리위원회가 내놓은, 신입생들을 위한 추천도서 목록 중 일부이다. 각 대학이나 대형서점에서도 비슷한 목록들을 내놓곤 하는데, 목록을 본 사람들은 하나같이 신입생뿐 아니라 재학생, 대학원생이 읽기에도 쉽지 않은 책들이라고 평한다. '어쩌면 한 권도 읽은 게 없냐.' 목록을 보는 순간, 평범한 대학생들은 그저 기가 죽을 뿐이다. 한 학생은 "저런 책을 읽는 학생들은 이런 추천목록 없어도 알아서 찾아 읽을 거예요."란다. 맞는 말이다. 그 화려한 도서목록에는 추천기관의 '우수성'을 내보이려는 의도가 깔린 것은 아닐까.

여기서는 그저 편하게 읽을 수 있는 책들을 몇 권 소개하고자 한다. 쉽지만 깊은 생각을 하게 하는 책. 나와 세상, 인류와 우주를 넘어다보게 하는 책들이다.

가슴 뛰는 삶 강헌구, 샘앤파커스

역동적인 비전을 생각토록 하는 책. 『아들아, 머뭇거리기에는 인생이 너무 짧다』 시리즈로 유명한 강헌구 교수님

의 내공이 농축된 책이라 할 수 있다. 꿈을 꾸고 꿈을 이루는 만화 같은 이야기들을 읽으며 내 마음 속 비전을 다시 살피게 된다.

너 외롭구나 김형태, 예담

불안과 무기력으로 꽉 찬 젊은이들의 고민에 정신이 번쩍 나는 조언을 주는 책. 무능력한 대학, 풀 길 없는 취업문제에 막막해하는 젊은이들을 완벽하게 이해하면서도 날카로운 지적을 아끼지 않는다. 누구에게도 쓴소리 듣기 싫어하는 청춘들을 위해 열과 성을 다하는 마음이 멋지다.

시크릿 론다 번, 살림BIZ

읽는 내내 신비로운 행복감이 끝나지 않는다. 마음의 바람이 온 우주의 에너지를 끌어당겨 결국 소망과 꿈이 이루어질 수밖에 없다는 것을 이야기한다. 모호해지기 쉬운 주제를 수많은 사례와 양자물리학의 원리로 엮어 논리적으로 해명한다. 같은 의미, 다른 문장이 많아 원서로 읽어도 좋은 책이다.

바람의 딸 걸어서 지구 세 바퀴 빈(전 4권) 한비야, 푸른숲

대학생들의 로망인 배낭여행. 전 세계를 7년에 걸쳐 그것도 걸어서 이루어 낸 기록들이 아름답다. 여행 이야기뿐 아니라 정해진 인생의 행로를 과감히 벗어난 저자의 용기와 열정, 여행 중의 사색들이 감동을 더한다.

로마인 이야기(전 15권) 시오노 나나미, 한길사

15년에 걸쳐 한 권씩 출간하겠다는 저자의 계획에 따라 15년 만에 완성된 책. 그라쿠스, 아프리카누스, 한니발, 카이사르, 아우구스투스 등 로마 역사를 배경으로 그 시대를 살았던 '사람'에 초점을 맞추어 서술한 점이 탁월하다. 서양 국가들의 뿌리가 되는 로마의 생성과 성장 과정, 쇠퇴를 살피게 되는 것만으로 충분히 가치 있으며 세계사의 맥락을 훑어볼 수 있는 책이다.

청춘불패 이외수, 해냄

『하악하악』, 『아불류 시불류』 등 이외수 선생님의 사색이 담긴 책들은 언제나 깨우칠 거리를 준다. 짧고 편한 글로 책과 친하지 않은 사람이라도 쉽게 볼 수 있는 책. 머리 식히고 싶을 때나 여행 중에 보기에도 좋으며 마음에 와닿는 구절을 만나 한동안 먼 산을 보게 되기도 한다. 섬세한 그림 또한 볼거리다.

가난한 사람들을 위한 은행가 무하마드 유누스, 세상사람들의책

가난의 악순환, 대물림이 계속되는 방글라데시의 극빈층. '누군가 목돈을 빌려준다면 가난의 고리를 끊고 저축을 하고 아이들도 학교를 다닐 수 있을 텐데.' 꿈 같은 대출을 시작한 그라민은행의 설립자. 가난한 사람들은 게으르고 타성에 젖어 있다는 편견과 싸우며 그 어느 은행보다 높은 상환율로 가난한 사람들의 진정성을 입증하는 이야기.